0974

BIBLIOTECA
MARIO VARGAS LLOSA

Alfaguara es un sello editorial del Grupo Santillana

www. alfaguara.com

Argentina
Av. Leandro N. Alem, 720
C 1001 AAP Buenos Aires
Tel. (54 114) 119 50 00
Fax (54 114) 912 74 40

Bolivia
Avda. Arce, 2333
La Paz
Tel. (591 2) 44 11 22
Fax (591 2) 44 22 08

Chile
Dr. Aníbal Ariztía, 1444
Providencia
Santiago de Chile
Tel. (56 2) 384 30 00
Fax (56 2) 384 30 60

Colombia
Calle 80, 10-23
Bogotá
Tel. (57 1) 635 12 00
Fax (57 1) 236 93 82

Costa Rica
La Uruca
Del Edificio de Aviación Civil 200 m al Oeste
San José de Costa Rica
Tel. (506) 220 42 42 y 220 47 70
Fax (506) 220 13 20

Ecuador
Avda. Eloy Alfaro, 33-3470 y Avda. 6 de
Diciembre
Quito
Tel. (593 2) 244 66 56 y 244 21 54
Fax (593 2) 244 87 91

El Salvador
Siemens, 51
Zona Industrial Santa Elena
Antiguo Cuscatlan - La Libertad
Tel. (503) 2 505 89 y 2 289 89 20
Fax (503) 2 278 60 66

España
Torrelaguna, 60
28043 Madrid
Tel. (34 91) 744 90 60
Fax (34 91) 744 92 24

Estados Unidos
2105 N.W. 86th Avenue
Doral, F.L. 33122
Tel. (1 305) 591 95 22 y 591 22 32
Fax (1 305) 591 91 45

Guatemala
7ª Avda. 11-11
Zona 9
Guatemala C.A.
Tel. (502) 24 29 43 00
Fax (502) 24 29 43 43

Honduras
Colonia Tepeyac Contigua a Banco Cuscatlan
Boulevard Juan Pablo, frente al Templo
Adventista 7º Día, Casa 1626
Tegucigalpa
Tel. (504) 239 98 84

México
Avda. Universidad, 767
Colonia del Valle
03100 México D.F.
Tel. (52 5) 554 20 75 30
Fax (52 5) 556 01 10 67

Panamá
Avda. Juan Pablo II, nº15. Apartado Postal
863199, zona 7. Urbanización Industrial
La Locería - Ciudad de Panamá
Tel. (507) 260 09 45

Paraguay
Avda. Venezuela, 276,
entre Mariscal López y España
Asunción
Tel./fax (595 21) 213 294 y 214 983

Perú
Avda. Primavera 2160
Surco
Lima 33
Tel. (51 1) 313 4000
Fax. (51 1) 313 4001

Puerto Rico
Avda. Roosevelt, 1506
Guaynabo 00968
Puerto Rico
Tel. (1 787) 781 98 00
Fax (1 787) 782 61 49

República Dominicana
Juan Sánchez Ramírez, 9
Gazcue
Santo Domingo R.D.
Tel. (1809) 682 13 82 y 221 08 70
Fax (1809) 689 10 22

Uruguay
Constitución, 1889
11800 Montevideo
Tel. (598 2) 402 73 42 y 402 72 71
Fax (598 2) 401 51 86

Venezuela
Avda. Rómulo Gallegos
Edificio Zulia, 1º - Sector Monte Cristo
Boleita Norte
Caracas
Tel. (58 212) 235 30 33
Fax (58 212) 239 10 51

MARIO VARGAS LLOSA

La orgía perpetua

Flaubert y *Madame Bovary*

ALFAGUARA

LA ORGÍA PERPETUA
Flaubert y Madame Bovary

© 1975, Mario Vargas Llosa
© Del prólogo: 2006, Mario Vargas Llosa
© 2006, Santillana Ediciones Generales, S. L.
© De esta edición:
  2007, Santillana S. A.
  Av. Primavera 2160, Santiago de Surco, Lima, Perú
  Teléfono 313 4000
  Telefax 313 4001

ISBN: 978-9972-232-50-3
Hecho el depósito legal en la Biblioteca Nacional del Perú N° 2007-03860
Registro de Proyecto Editorial N° 31501400700316

Primera edición: abril 2007
Tiraje: 3000 ejemplares

Diseño de colección: Pep Carrió y Sonia Sánchez
Imagen de cubierta: © Pep Carrió
Reproducción fotográfica: Enrique Cotarelo

Impreso en el Perú - Printed in Peru
Metrocolor S. A.
Los Gorriones 350, Lima 9 - Perú

ÍNDICE

TRES

PRÓLOGO

Leí *Madame Bovary* pronto hará medio siglo y no exagero al decir que esa novela cambió mi vida. Me descubrió a Flaubert, que ha sido uno de mis maestros y mis autores de cabecera desde entonces y de alguna manera difícil de explicar me ayudó a descubrir qué clase de escritor aspiraba a ser. Además, cada vez que la he releído, de principio a fin o fragmentos, he gozado infinitamente, por la solidez de su construcción, la limpieza y eficacia de su estilo y las interminables sugerencias y ramificaciones que despierta la intensa y trágica historia de esa campesinita normanda que quiso vivir todas las aventuras que cuentan las novelas y lo pagó tan caro.

Nunca me hubiera atrevido a escribir sobre una novela que tiene tan abundante y rica bibliografía, si no hubiera sido por la nueva traducción al español —magnífica— que hizo de ella, a comienzos de los años sesenta, Consuelo Berges. Su editora, Alianza Editorial, me pidió un prólogo y así nació este libro. Debía haber sido apenas un texto de pocas páginas, pero, lanzado en el proyecto, fui llenando fichas y cuadernos y de pronto me encontré embarcado en un empeño que me tomó muchos meses de trabajo y me hizo vivir muchos momentos de gran felicidad.

Escribí este libro en un piso del barrio de Sarrià, en Barcelona, en una época en que esta ciudad fue algo así como la capital cultural de España y el lugar donde escritores españoles y latinoamericanos reanudaron una relación que se había interrumpido por cerca de cuatro décadas.

Nadie hizo tanto para que ello fuera posible como mi gran amigo, el poeta y editor Carlos Barral, y por eso se lo dediqué.

MARIO VARGAS LLOSA
Sagra, julio de 2006

A Carlos Barral, el penúltimo afrancesado.

Le seul moyen de supporter l'existence,
c'est de s'étourdir dans la littérature
comme dans une orgie perpétuelle.

Carta a Mlle. Leroyer de Chantepie,
4 de septiembre de 1858

HAY, de un lado, la impresión que Emma Bovary deja en el lector que por primera (segunda, décima) vez se acerca a ella: la simpatía, la indiferencia, el disgusto. De otro, lo que constituye la novela en sí misma, prescindiendo del efecto de su lectura: la historia que es, las fuentes que aprovecha, la manera como se hace tiempo y lenguaje. Y, finalmente, lo que la novela significa, no en relación a quienes la leen ni como objeto soberano, sino desde el punto de vista de las novelas que se escribieron antes o después. Desarrollar cualquiera de estas opciones es elegir una forma de crítica. La primera, individual y subjetiva, predominó en el pasado y sus defensores la llaman clásica; sus denostadores, impresionista. La segunda, moderna, pretende ser científica, analizar una obra de manera objetiva, en función de reglas universales, aunque, claro está, la índole de las reglas varía según el crítico (psicoanálisis, marxismo, estilística, estructuralismos, combinaciones). La tercera tiene que ver más con la historia de la literatura que con la crítica propiamente dicha.

En realidad, los críticos de todos los tiempos han utilizado las tres perspectivas a la vez. La diferencia estriba en que cada época, persona y tendencia pone el énfasis, la atención dominante, en una de ellas. El antiguo, que juzgaba a partir de su sensibilidad, creía personificar un modelo de valor y que sus opiniones tenían, por lo tanto, vigencia universal. El contemporáneo sabe que su razón y conocimiento son estimulados y orientados —aun cuando sólo sea en la elección del tema de su estudio— por su subjetividad, la herida que en su espíritu causa *esa* obra particular. Y, de otro lado, impresionistas y científicos han procurado siempre instalar una obra en su tradición, señalando lo que significa en relación al pasado y al futuro del propio género.

En este ensayo me propongo realizar los tres intentos por separado y por eso va dividido en tres partes. La primera es un mano a mano entre Emma Bovary y yo en el que, por supuesto, hablo más de mí que de ella. En la segunda pretendo concentrarme exclusivamente en *Madame Bovary* y resumir con una apariencia de objetividad su gestación y alumbramiento, lo que es y cómo es la novela. Finalmente, en la tercera intento situarla, por lo que hablo sobre todo de otras novelas, en la medida en que su existencia fue posibilitada, enriquecida, gracias a la suya.

UNO

UNA PASIÓN NO CORRESPONDIDA

On simplifierait peut-être la critique si, avant d'énoncer un jugement, on déclarait ses goûts; car toute oeuvre d'art enferme une chose particulière tenant à la personne de l'artiste et qui fait, indépendamment de l'exécution, que nous sommes séduits ou irrités. Aussi notre admiration n'est-elle complète que pour les ouvrages satisfaisant à la fois notre tempérament et notre esprit. L'oubli de cette distinction préalable est une grande cause d'injustice.

Prólogo a *Dernières chansons*
de Louis Bouilhet

SIEMPRE HE tenido por cierta la frase que se atribuye a Oscar Wilde sobre un personaje de Balzac: «The death of Lucien de Rubempré is the great drama of my life». Un puñado de personajes literarios han marcado mi vida de manera más durable que buena parte de los seres de carne y hueso que he conocido. Aunque es verdad que cuando personajes de ficción y seres humanos son presente, contacto directo, la realidad de estos últimos prevalece sobre la de aquéllos —nada tiene tanta vida como el cuerpo que se puede ver, palpar—, la diferencia desaparece cuando ambos tornan a ser pasado, recuerdo, y con ventaja considerable para los primeros sobre los segundos, cuya delicuescencia en la memoria es sin remedio, en tanto que el personaje literario puede ser resucitado indefinidamente, con el mínimo esfuerzo de abrir las páginas del libro y detenerse en las líneas adecuadas. En ese círculo heterogéneo y cosmopolita, pandilla de fantasmas amigos que se renueva según las épocas y el humor —hoy mencionaría, deprisa, a: D'Artagnan, David Copperfield, Jean Valjean, el príncipe Pierre Bezukhov, Fabrizio del Dongo, a los terroristas Cheng y The Professor, a Lena Grove y al penado alto—, ninguno más persistente y con el cual haya tenido una relación más claramente pasional que Emma Bovary. Esa historia puede contribuir, quizás, a ilustrar con un ejemplo mínimo las relaciones tan discutidas y enigmáticas de la literatura y la vida.

El primer recuerdo que tengo de *Madame Bovary* es cinematográfico. Era 1952, una noche de verano ardiente, un cinema recién inaugurado en la plaza de Armas alborotada de palmeras de Piura: aparecía James Mason encarnando a Flaubert, Rodolphe Boulanger era el espigado Louis Jourdan y Emma Bovary tomaba forma en los gestos y movimientos nerviosos de Jennifer Jones. La impresión no debió ser grande porque la película no me incitó a buscar el libro, pese a que, precisamente en esa época, había empezado a leer novelas de manera desvelada y caníbal.

Mi segundo recuerdo es académico. Con motivo del centenario de *Madame Bovary* la Universidad de San Marcos, de Lima, organizó un homenaje en el Aula Magna. El crítico André Coyné ponía en duda, impasible, el realismo de Flaubert: sus argumentos desaparecían entre los gritos de «¡Viva Argelia Libre!» y las vociferaciones con que un centenar de sanmarquinos, armados de piedras y palos, avanzaban por el salón hacia el estrado donde su objetivo, el embajador francés, los esperaba lívido. Parte del homenaje era la edición, en un cuadernillo cuyas letras se quedaban en los dedos, de *Saint Julien l'Hospitalier,* traducido por Manuel Beltroy. Es lo primero que leí de Flaubert.

En el verano de 1959 llegué a París con poco dinero y la promesa de una beca. Una de las primeras cosas que hice fue comprar, en una librería del barrio latino, un ejemplar de *Ma-*

dame Bovary en la edición de Clásicos Garnier. Comencé a leerlo esa misma tarde, en un cuartito del Hotel Wetter, en las inmediaciones del museo Cluny. Ahí empieza de verdad mi historia. Desde las primeras líneas el poder de persuasión del libro operó sobre mí de manera fulminante, como un hechizo poderosísimo. Hacía años que ninguna novela vampirizaba tan rápidamente mi atención, abolía así el contorno físico y me sumergía tan hondo en su materia. A medida que avanzaba la tarde, caía la noche, apuntaba el alba, era más efectivo el trasvasamiento mágico, la sustitución del mundo real por el ficticio. Había entrado la mañana —Emma y Léon acababan de encontrarse en un palco de la ópera de Rouen— cuando, aturdido, dejé el libro y me dispuse a dormir: en el difícil sueño matutino seguían existiendo, con la veracidad de la lectura, la granja de los Rouault, las calles enfangadas de Tostes, la figura bonachona y estúpida de Charles, la maciza pedantería rioplatense de Homais, y, sobre esas personas y lugares, como una imagen presentada en mil sueños de infancia, adivinada desde las primeras lecturas adolescentes, la cara de Emma Bovary. Cuando desperté, para retomar la lectura, es imposible que no haya tenido dos certidumbres como dos relámpagos: que ya sabía qué escritor me hubiera gustado ser y que desde entonces y hasta la muerte viviría enamorado de Emma Bovary. Ella sería para mí, en el futuro, como para el Léon Dupuis de la primera época, «l'amoureuse de tous les romans, l'héroïne de tous les drames, le vague *elle* de tous les volumes de vers».

Desde entonces, he leído la novela una media docena de veces de principio a fin y he releído capítulos y episodios sueltos en muchas ocasiones. Nunca tuve una desilusión, a diferencia de lo que me ha ocurrido al repasar otras historias queridas, y, al contrario, sobre todo releyendo los cráteres —los comicios agrícolas, el paseo en el fiacre, la muerte de Emma—, siempre he tenido la sensación de descubrir aspectos secretos, detalles inéditos, y la emoción ha sido, con variantes de grado que tenían que ver con la circunstancia y el lugar, idéntica.

Un libro se convierte en parte de la vida de una persona por una suma de razones que tienen que ver simultáneamente con el libro y la persona. Me gustaría averiguar cuáles son en mi caso algunas de estas razones: por qué *Madame Bovary* removió estratos tan hondos de mi ser, qué me dio que otras historias no pudieron darme.

La primera razón es, seguramente, esa propensión que me ha hecho preferir desde niño las obras construidas como un orden riguroso y simétrico, con principio y con fin, que se cierran sobre sí mismas y dan la impresión de la soberanía y lo acabado, sobre aquellas, abiertas, que deliberadamente sugieren lo indeterminado, lo vago, lo en proceso, lo a medio hacer. Es posible que estas últimas sean imágenes más fieles de la realidad y de la vida, inacabadas siempre y siempre a medio hacer, pero, justamente, lo que sin duda he buscado por instinto y me ha gustado encontrar en los libros, las películas, los cuadros, no ha sido un reflejo de esta parcialidad infinita, de este inconmensurable fluir, sino, más bien, lo contrario: totalizaciones, conjuntos que, gracias a una estructura audaz, arbitraria pero convincente, dieran la ilusión de sintetizar lo real, de resumir la vida. Ese apetito debió verse plenamente colmado con *Madame Bovary*, ejemplo de obra clausurada, de libro-círculo. De otro lado, una preferencia hasta entonces nebulosa pero creciente en mis lecturas tuvo que quedar fijada gracias a esa novela. Entre la descripción de la vida objetiva y la vida subjetiva, de la acción y de la reflexión, me seduce más la primera que la segunda, y siempre me pareció hazaña mayor la descripción de la segunda a través de la primera que lo inverso (prefiero a Tolstoi que a Dostoievski, la invención realista a la fantástica, y entre irrealidades la que está más cerca de lo concreto que de lo abstracto, por ejemplo la pornografía a la ciencia-ficción, la literatura rosa a los cuentos de terror). Flaubert, en sus cartas a Louise, mientras escribía *Madame Bovary*, estaba seguro de hacer una novela de «ideas», no de acciones. Esto ha llevado a algunos, tomando sus palabras al pie de la letra, a sostener que *Madame Bovary* es una novela donde no ocurre nada, salvo lenguaje. No es así; en *Madame Bovary* ocurren tantas cosas como en una novela de aventuras —matrimonios, adulterios, bailes, viajes, paseos, estafas, enfermedades, espectáculos, un suicidio—, sólo que se trata por lo general de aventuras mezquinas. Es verdad que muchos de estos hechos son narrados desde la emoción o el recuerdo del personaje, pero, debido al estilo maniáticamente materialista de Flaubert, la realidad subjetiva en *Madame Bovary* tiene también consistencia, peso físico, igual que la objetiva. Que los pensamientos y los sentimientos en la novela parecieran *hechos,* que pudieran verse y casi tocarse no sólo me deslumbró: me descubrió una predilección profunda.

Éstas son razones formales, derivadas de la estructura y concepción del libro. Las que conciernen al asunto son menos invertebradas. Una novela ha sido más seductora para mí en la medida en que en ella aparecían, combinadas con pericia en una historia compacta, la rebeldía, la violencia, el melodrama y el sexo. En otras palabras, la máxima satisfacción que puede producirme una novela es provocar, a lo largo de la lectura, mi admiración por alguna inconformidad, mi cólera por alguna estupidez o injusticia, mi fascinación por esas situaciones de distorsionado dramatismo, de excesiva emocionabilidad que el romanticismo pareció inventar porque usó y abusó de ellas, pero que han existido siempre en la literatura, porque, sin duda, existieron siempre en la realidad, y mi deseo. *Madame Bovary* es pródiga en estos ingredientes, ellos son los cuatro grandes ríos que bañan su vasta geografía, y en la distribución de estos contenidos existe en la novela la misma equidad que en su división formal en partes, capítulos, escenas, diálogos y descripciones.

La rebeldía, en el caso de Emma, no tiene el semblante épico que en el de los héroes viriles de la novela decimonónica, pero no es menos heroica. Se trata de una rebeldía individual y, en apariencia, egoísta: ella violenta los códigos del medio azuzada por problemas estrictamente suyos, no en nombre de la humanidad, de cierta ética o ideología. Es porque su fantasía y su cuerpo, sus sueños y sus apetitos se sienten aherrojados por la sociedad, que Emma sufre, es adúltera, miente, roba, y, finalmente, se suicida. Su derrota no prueba que ella estaba en el error y los burgueses de Yonville-l'Abbaye en lo cierto, que Dios la castiga por su crimen, como sostuvo en el juicio Maître Sénard, el defensor de la novela (su defensa es tan farisea como la acusación del Fiscal Pinard, secreto redactor de versos pornográficos), sino, simplemente, que la lucha era desigual: Emma estaba sola, y, por impulsiva y sentimental, solía equivocar el camino, empeñarse en acciones que, en última instancia, favorecían al enemigo (Maître Sénard, con argumentos que debió poner en su boca el propio Flaubert, aseguró en el juicio que la moraleja de la novela es: los peligros de que una muchacha reciba una educación superior a la de su clase). Esa derrota, fatídica por las condiciones en que se planteaba el combate, tiene ribetes de tragedia y de folletín, y ésa es una de las mezclas a las que yo, envenenado, como ella, por ciertas lecturas y espectáculos de adolescencia, soy más sensible.

Pero no es sólo el hecho de que Emma sea capaz de enfrentarse a su medio —familia, clase, sociedad—, sino las causas de su enfrentamiento lo que fuerza mi admiración por su inapresable figurilla. Esas causas son muy simples y tienen que ver con algo que ella y yo compartimos estrechamente: nuestro incurable materialismo, nuestra predilección por los placeres del cuerpo sobre los del alma, nuestro respeto por los sentidos y el instinto, nuestra preferencia por esta vida terrenal a cualquier otra. Las ambiciones por las que Emma peca y muere son aquellas que la religión y la moral occidentales han combatido más bárbaramente a lo largo de la historia. Emma quiere gozar, no se resigna a reprimir en sí esa profunda exigencia sensual que Charles no puede satisfacer porque ni sabe que existe, y quiere, además, rodear su vida de elementos superfluos y gratos, la elegancia, el refinamiento, materializar en objetos el apetito de belleza que han hecho brotar en ella su imaginación, su sensibilidad y sus lecturas. Emma quiere conocer otros mundos, otras gentes, no acepta que su vida transcurra hasta el fin dentro del horizonte obtuso de Yonville, y quiere, también, que su existencia sea diversa y exaltante, que en ella figuren la aventura y el riesgo, los gestos teatrales y magníficos de la generosidad y el sacrificio. La rebeldía de Emma nace de esta convicción, raíz de todos sus actos: no me resigno a mi suerte, la dudosa compensación del más allá no me importa, quiero que mi vida se realice plena y total aquí y ahora. Hay sin duda una quimera en el corazón del destino ambicionado por Emma, sobre todo si se lo convierte en patrón colectivo, en proyecto humano. Ninguna sociedad podrá ofrecer a todos sus miembros una existencia semejante, y, de otra parte, es evidente, para que la vida en comunidad sea posible, que el hombre debe resignarse a embridar sus deseos, a limitar esa vocación de trasgresión que Bataille llamaba el Mal. Pero Emma representa y defiende de modo ejemplar un lado de lo humano brutalmente negado por casi todas las religiones, filosofías e ideologías, y presentado por ellas como motivo de vergüenza para la especie. Su represión ha sido una causa de infelicidad tan extendida como la explotación económica, el sectarismo religioso o la sed de conquista entre los hombres. Al cabo del tiempo, sectores cada vez más amplios —ahora hasta la Iglesia— han llegado a admitir que el hombre tenía derecho a comer, a pensar y expresar sus ideas libremente, a la salud, a una vejez segura. Pero todavía, como en los tiempos de Emma Bovary, se mantienen los mismos tabúes —y en esto la derecha y la izquierda se dan la mano— que universalmente niegan a los hombres el derecho al placer, a la realización de sus deseos. La historia de Emma es una ciega, tenaz, desesperada rebelión contra la violencia social que sofoca ese derecho.

Recuerdo haber leído, en las páginas iniciales de un libro de Merleau-Ponty, que la violencia casi siempre era bella en imagen, es decir, en el arte, y haber sentido cierta tranquilidad. Tenía entonces diecisiete años y me asustaba comprobar que, pese a mi naturaleza pacífica, la violencia explícita o implícita, refinada o cruda, era un requisito indispensable para que una novela me persuadiera de su realidad y fuera capaz de entusiasmarme. Aquellas obras exentas de alguna dosis de violencia me resultaban irreales (he preferido siempre que las novelas finjan lo real así como otros prefieren que finjan lo irreal) y la irrealidad suele aburrirme mortalmente. En *Madame Bovary* la violencia impregna la historia y se manifiesta en muchos planos, desde su forma física del dolor y la sangre —la operación, gangrena y amputación de la pierna de Hippolyte, el envenenamiento de Emma—, o la espiritual de la minuciosa rapiña (el mercader Lheureux), del egoísmo y la cobardía (Rodolphe, Léon), o en sus formas sociales de animalización del ser humano por obra del trabajo vil y la explotación (la anciana Catherine Leroux; que ha cuidado cincuenta y cuatro años los animales de una granja, recibe, paralizada de confusión ante la muchedumbre de los comicios agrícolas, una medalla de plata que vale veinticinco francos; los vecinos la oyen murmurar, cuando se aleja, que se la entregará al cura para que le diga misas), y, principalmente, en su forma más generalizada de la estupidez y las trampas que se hacen los hombres a sí mismos: sus prejuicios, sus envidias, sus intrigas. Contra este telón de fondo se destacan, como nieve en la tiniebla, la fantasía de Emma, su apetencia de un mundo distinto de aquel que hace añicos su sueño. Es precisamente esa escena, la más violenta del libro, aquella donde se consuma, por su propia mano, la derrota de Madame Bovary, la que me conmueve más. Conozco de memoria ese capítulo que comienza con Emma avanzando en el día declinante hacia el castillo de Rodolphe, para intentar una última gestión que la salve de la ruina, de la vergüenza, del perdón de Charles que la obligaría a cambiar, y que termina al día siguiente con Emma entrando en la muerte como en una pesadilla con la visión del Ciego purulento que cruza Yonville tarareando una canción vulgar. Son páginas de una asombrosa sabiduría narrativa y de una terrible crueldad —Maître Sénard no podía perder el juicio mostrando de qué manera atroz, por medio del arsénico, quedaba castigado el pecado— que me han proporcionado simultáneamente sufrimiento y placer, que han colmado mi sensiblería y mi sadismo literarios en cien ocasiones. Además, tengo por este episodio un agradecimiento particular; se trata de un secreto entre Emma y yo. Hace algunos años, durante unas semanas, tuve la sensación de una incompatibilidad definitiva con el mundo, una desesperación tenaz, un disgusto profundo de la vida. En algún momento me cruzó por la cabeza la idea del suicidio; otra noche recuerdo haber rondado (fatídica influencia de *Beau geste*), en las cercanías de la Place Denfert-Rochereau, las oficinas de la Legión, con la idea de infligirme, a través de la más odiosa de las instituciones, una fuga y una punición románticas: cambiar de nombre, de vida, desaparecer en un oficio rudo y vil. Es impagable la ayuda que me prestó, en ese período difícil, la historia de Emma, o, mejor dicho, la muerte de Emma. Recuerdo haber leído en esos días, con angustiosa avidez, el episodio de su suicidio, haber acudido a esa lectura como otros, en circunstancias parecidas, recurren al cura, la borrachera o la morfina, y haber extraído cada vez, de esas páginas desgarradoras, consuelo y equilibrio, repugnancia del caos, gusto por la vida. El sufrimiento ficticio neutralizaba el que yo vivía. Cada noche, para ayudarme, Emma entraba al desierto castillo de la Huchette y era humillada por Rodolphe; salía al campo donde el dolor y la impotencia la acercaban un instante a la locura; se deslizaba como un duende en la farmacia de Homais, y allí, Justin, la inocencia convertida en secuaz de la muerte, la miraba tragar el arsénico en la penumbra del *capharnaüm;* volvía a su casa y padecía el indecible calvario: el sabor a tinta, la náusea, el frío en los pies, sus estremecimientos, los dedos incrustados en las sábanas, el sudor de su frente, el castañeteo de sus dientes, el extravío de sus ojos, los aullidos, las convulsiones, el vómito de sangre, la lengua que escupe su boca, el estertor final. Cada vez, a la tristeza y a la melancolía se mezclaba una curiosa sensación de sosiego y la consecuencia de la lacerante ceremonia eran para mí la admiración, el entusiasmo: Emma se mataba para que yo viviera. En otras ocasiones de contrariedad, depresión o simple malhumor he acudido a este remedio y casi siempre con el mismo resultado catártico. Esa experiencia y otras parecidas me han convencido de lo discutible de las teorías que defienden una literatura edificante *por sus resultados.* No son necesariamente las historias felices y con moraleja optimista las que levantan el espíritu y alegran el corazón de los lectores (virtudes que se le atribuían en el Perú al «Pisco Vargas»); en algunos casos, como en el mío, el mismo efecto lo pueden conseguir, por su sombría belleza, historias tan infelices y pesimistas como la de Emma Bovary.

Pero Emma no sólo es una rebelde inmersa en un mundo violento; es también una muchacha sensiblera y algo cursi y en su historia comparecen asimismo cierto mal gusto, una moderada dosis de truculencia. Aprecio profundamente esas aberraciones, ellas ejercen sobre mí un irreprimible atractivo, y, aunque no soporto el melodrama literario en estado puro —el cinematográfico sí, y es posible que esa debilidad mía haya sido forjada por el melodrama mexicano de los años cuarenta y cincuenta que frecuenté viciosamente y que todavía añoro—, en cambio, cuando una novela es capaz de usar materiales melodramáticos dentro de un contexto más rico y con talento artístico, como en *Madame Bovary,* mi felicidad no tiene límites. Convendría que precisara más de qué hablo, para evitar un malentendido. Mi afición al melodrama no tiene nada que ver con ese juego intelectual, desdeñoso y superior, que consiste en reivindicar estéticamente, mediante una noble e inteligente *interpretación,* lo innoble y lo estúpido, como hicieron, por ejemplo, Hermann Broch con el *kitsch* y Susan

Sontag con el *camp,* sino una identificación con esa materia que es, ante todo, emocional, es decir, una plena obediencia de sus leyes y una reacción ortodoxa a sus incitaciones y efectos. Melodrama quizá no sea la palabra exacta para expresar lo que quiero decir, porque tiene una connotación ligada al teatro, al cine y a la novela, y yo aludo a algo más vasto, que está presente sobre todo en las cosas y hombres de la realidad.

Hablo de una cierta distorsión o exacerbación del sentimiento, de la perversión del gusto entronizado en cada época, de esa herejía, contrapunto, deterioro (popular, burgués y aristocrático) que en cada sociedad sufren los modelos establecidos por las élites como patrones estéticos, lingüísticos, morales, sociales y eróticos; hablo de la mecanización y encanallamiento que, en la vida cotidiana, padecen las emociones, las ideas, las relaciones humanas; hablo de la inserción, por obra de la ingenuidad, la ignorancia, la pereza y la rutina, de lo cómico en lo serio, de lo grotesco en lo trágico, de lo absurdo en lo lógico, de lo impuro en lo puro, de lo feo en lo bello. Cada país, clase social, generación, introduce variantes y aportes a la cursilería (en el Perú se la llama huachafería y es uno de los dominios en el que los peruanos hemos sido realmente creativos), una de las expresiones humanas más persistentes y universales. Esa materia no me interesa intelectual sino sentimentalmente. Una película como *El último cuplé,* con toda su elefantiásica estupidez, no me atrae como una araña a un entomólogo, para estudiar a través de una lupa ese *fenómeno,* sino porque durante la hora y media de proyección, esa telaraña es capaz de atraparme en sus hilos igual que la viuda negra en los suyos al incauto fornicador y provoca en mí una identificación, un reconocimiento semejantes al de Emma viendo en Rouen la representación de *Lucie de Lammermoor* («La voix de la chanteuse ne lui semblait être que le retentissement de sa conscience, et cette illusion qui la charmait quelque chose même de sa vie»). Simplemente, en el caso de *El último cuplé,* cuando desaparece la causa desaparece el efecto, viene la reflexión y, a la luz del raciocinio y de la perspectiva, la estupidez resplandece como estricta estupidez. Pero eso ocurre —como en Corín Tellado, *El derecho de nacer* o *Simplemente María*— porque en esa obra la realidad *sólo* es melodramática, *sólo* hay mal gusto en la vida: el exclusivismo hace brotar la irrealidad. Ya que, sin duda, esta inclinación mía tiene que ver, en el fondo, con la fijación realista: el elemento melodramático me conmueve porque el melodrama está más cerca de lo real que el drama, la tragicomedia que la comedia o la tragedia. Cuando una obra de arte incluye, además de los otros, entremezclado a ellos (que son sus contrarios), ese lado cursi, patético, paródico, ruin, enajenado y estúpido, y lo hace sin tomar una distancia irónica, sin establecer una superioridad intelectual o moral, con respeto y verdad (ese héroe medieval que elabora unos bollos con las uñas y cabellos de su amada y se los come, aquel otro que besa en la boca a la princesa tres veces en homenaje a la Santísima Trinidad, el espadachín romántico al que le humedece los ojos un perfume de violetas, el calzoncito rosado en que invierte sus ahorros la sirvienta para impresionar al chofer), siento una emoción idéntica a la que me produce la representación literaria de la rebeldía y la violencia.

En *Madame Bovary* este aspecto aparece sobre todo en esa trenza de episodios, situaciones y seres que proceden, en su mayoría, del arsenal de la novela romántica, desde los signos premonitorios de la fatalidad que, a lo largo de la historia, anuncian el final de Emma, hasta personajes como el Ciego andrajoso y llagado, símbolo del destino trágico, o Justin, otra constante decimonónica, el niño silenciosamente enamorado de la mujer inalcanzable. Me gusta mucho que *Madame Bovary* pueda leerse también como una colección de tópicos, que haya en ella tipos-clisés: que el mercader Lheureux sea codicioso, antisemita y rapaz, que los notarios y funcionarios sean sórdidos y malvados, y los políticos gárrulos, hipócritas y ridículos. Pero sobre todo me gusta la ambivalencia de Emma, que, así como planea con frialdad audacias y excesos, se emo-

da cortesana ante Léon, o cuidando su persona para el amor con el refinamiento y la previsión que debió tener la egipcia Ruchiuk Hânem. El sexo ocupa un lugar central en la novela porque lo ocupa en la vida y Flaubert quería simular la realidad. A diferencia de Lamartine, no disolvió por eso en espiritualidad y lirismo lo que es también algo biológico, pero tampoco redujo el amor a esto último. Se esforzó en pintar un amor que fuera, de un lado, sentimiento, poesía, gesto, y, del otro (más discretamente), erección y orgasmo. El 19 de septiembre de 1852, escribió a Louise: «Ce brave organe génital est le fond des tendresses humaines; ce n'est pas la tendresse, mais c'en est le *substratum* comme diraient les philosophes. Jamais aucune femme n'a aimé un eunuque et si les mères chérissent les enfants plus que les pères, c'est qu'ils leur sont sortis du ventre, et le cordon ombilical de leur amour leur reste au coeur sans être coupé». Esta filosofía, que con Freud alcanzaría dignidad científica, contamina la historia de Emma Bovary. Efectivamente, el «bravo órgano genital» esclarece las conductas y psicologías de los personajes y es con frecuencia el combustible que mueve la intriga. El desánimo, el desasosiego que, poco a poco, convierten a Emma en una adúltera, son consecuencia de su frustración matrimonial y esta frustración es principalmente erótica. El temperamento ardiente de Emma no tiene un compañero a su altura en el agente de sanidad y esas insuficientes noches de amor precipitan la caída. En cambio, a Charles le ocurre lo contrario. Esa mujer bella y refinada lo contenta de tal modo, a él, que aspira a tan poco en ese campo (sale de los brazos huesudos de Héloïse, vejancona cuyos pies helados le daban escalofríos al entrar en la cama), que, paradójicamente, anula en él toda inquietud, toda ambición: lo tiene todo, para qué quiere más. Su felicidad sexual explica en buena parte su ceguera, su conformismo, su pertinaz mediocridad.

En la misma carta en que comentaba la novela de Lamartine, Flaubert resumió a Louise con cierta vulgaridad su opinión de las mujeres: «Elles ne sont pas franches avec elles-mêmes; elles ne s'avouent pas leurs sens; elles prennent leur cul pour leur coeur et croient que la lune est faite pour éclairer leur boudoir» (*Corresp.*, vol. II, p. 401). No veo por qué no podría decirse lo mismo de los hombres: suelen también hacerse fraudes, disimularse los sentidos y confundir su corazón con su «cul» (o el equivalente). Emma, en cambio, trata de sacar partido de sus «limitaciones» y, convirtiendo el vicio en virtud, la regla en excepción, rompe los condicionamientos que pesan sobre su persona (su sexo) e inicia un proceso que es, sin la menor duda, un oscuro, instintivo proceso de liberación. Es imposible no admirar la aptitud de Emma para el placer; una vez estimulada y educada por Rodolphe, supera a su maestro y al segundo amante y envuelve de cálido erotismo la novela a partir del capítulo IX de la segunda parte. Como en la literatura libertina del siglo XVIII —Flaubert fue un lector entusiasta del marqués de Sade—, el amor está ligado a la religión, o, más bien, a la Iglesia y a los objetos del culto. El despertar sexual de Emma ocurre en un colegio de monjas, al pie de los altares, entre el incienso de las ceremonias (algo que enloquecía al Fiscal Pinard), y su primera cita con Léon, que inflama a la pareja y precede la gran escena erótica del fiacre, se lleva a cabo, a sugerencia de Emma, en la catedral de Rouen. La seducción está trenzada, según un sistema de vasos comunicantes en que lo erótico se contamina de religiosidad y la religión de erotismo, con la descripción que hace el Suizo a los inminentes amantes de las bellezas y tesoros de la catedral. Uno de los conceptos que repite la crítica sobre Emma (desde Maître Sénard y el propio Flaubert) es que se trata de una desdichada, digna de conmiseración. En realidad, su destino es más humano y deseable que el de esos hacendosos vientres procreadores que son las mujeres de Yonville —Madame Langlois, Madame Caron, Madame Dubreuil, Madame Tuvache, Madame Homais—, quienes no parecen vivir sino para cumplir ciertas funciones domésticas y que sin duda piensan, como la suegra de Emma, que las mujeres no deben leer novelas so pena de convertirse en unas *évaporées*. Aunque muera joven y tenga una muerte atroz, Emma, por lo menos, gracias a su valentía para aceptarse como es, vive experiencias profundas, que ni siquiera presienten, en su existencia tan rutinaria como la de sus gallinas y sus perros, las virtuosas burguesas de Yonville. Yo celebro que Emma en vez de sofocar sus sentidos tratara de colmarlos, que no tuviera escrúpulo en confundir el «cul» y el «coeur», que, de hecho, son parientes cercanos, y que fuera capaz de creer que la luna existía para alumbrar su alcoba.

La presencia del sexo en una novela no me interesa como a un frío observador, para estudiarlo prefiero un manual. Cada vez que se suscita un problema de censura, la defensa del libro incriminado se hace a partir de ciertas afirmaciones básicas (como las de Maître Sénard respondiendo a Maître Pinard) que son hipócritas: la descripción literaria de acciones y órganos sexuales, la invención de situaciones eróticas, se haría con un propósito científico, para instruir al lector, o con ánimo moralizante (pintar el pecado para combatirlo), o la belleza de la forma ha sublimado de tal manera la materia sexual que ésta ya sólo puede provocar elevados goces espirituales; únicamente la pornografía comercial persigue excitar a los lectores, función incompatible con la auténtica literatura. ¡Cuántas patrañas! En mi caso, ninguna novela me produce gran entusiasmo, hechizo, plenitud, si no hace las veces, siquiera en una dosis mínima, de estimulante erótico. He comprobado que la excitación es más profunda en la medida en que lo sexual no es exclusivo ni dominante, sino se complementa con otras materias, se halla integrado en un contexto vital complejo y diverso, como ocurre en la realidad: me excita menos un libro de Sade, donde el monotematismo desvitaliza el sexo y lo convierte en algo mental, que, por ejemplo, los episodios eróticos (muy escasos) de *Splendeurs et misères des courtisanes*, de Balzac (recuerdo sobre todo los roces de unas rodillas en un carruaje), o los que salpican *Las mil y una noches* en la versión del doctor Mardrus. En *Madame Bovary* lo erótico es fundamental, pero, aunque Flaubert quería *contarlo todo,* se vio obligado a tomar precauciones para sortear los escollos de la censura (no sólo la oficial: su propio amigo, el escritor Maxime du Camp, amparó los cortes que hizo al libro *La Revue de Paris*). Pero que lo sexual sea más implícito que explícito no significa que esos datos escondidos, esos hechos narrados por omisión, sean menos eficaces. El clímax erótico de la novela es un hiato genial, un escamoteo que consigue, justamente, potenciar al máximo el material ocultado al lector. Me refiero al interminable recorrido por las calles de Rouen del fiacre en el que Emma se entrega a Léon por primera vez. Resulta notable que el más imaginativo episodio erótico de la literatura francesa no contenga una sola alusión al cuerpo femenino ni una palabra de amor, y sea sólo una enumeración de calles y lugares, la descripción de las vueltas y revueltas de un viejo coche de alquiler. Pero no sólo los silencios eróticos forman mis mejores recuerdos de *Madame Bovary.* Pienso en los jueves en el Hôtel de Boulogne, en el puerto de Rouen, donde se celebran los encuentros con Léon, cuando todos los elementos de la tragedia van cercando a Emma y esa sensación de peligro, esa adivinación de la catástrofe parecen multiplicar su sensualidad. Muchas veces la he esperado en ese cuarto mullido, la he visto llegar siempre «plus enflamée, plus avide», he oído el silbido de culebra con que cae el lazo de su corsé, la he espiado correr de puntillas a ver si la puerta estaba cerrada, y luego, con qué alegría, la he visto despojarse del vestido y avanzar, pálida y seria, hacia los brazos de Léon Dupuis.

Es curioso que, entre la ingente bibliografía flaubertiana, ningún adicto haya producido todavía una interpretación con el título de *Flaubert y el fetichismo del botín.* Porque hay material de sobra para un estudio al respecto. He aquí una muestra, con datos coleccionados al azar. Albert Thibaudet cuenta que, de niño, Flaubert solía quedarse extasiado contemplando los botines de mujer* y que, por lo tanto, es algo autobiográfico el episodio de *Madame Bovary* en que Justin ruega a la sirvienta le permita lustrar los botines de Emma, que el niño toca con amor reverente, como objetos sagrados. Sartre señala dónde aparece por primera vez en la obra de Flaubert el motivo del calzado (y añade «tan importante en la vida y en la obra de Flaubert», pero no vuelve a hablar más del asunto: uno de los muchos cabos sueltos de su ciclópeo ensayo):** en *Mémoires d'un fou,* en el capítulo IX, donde se describe con finura un bello pie de mujer: «son petit pied mignon enveloppé dans un joli soulier à haut talon orné d'une rose noire». Es sabido, de otra parte, que Flaubert guardaba en su escritorio, entre cartas y ciertas prendas y objetos de su amante, las chinelas que Louise Colet había llevado en su primera noche de amor y que, a menudo, como le cuenta a ella en sus cartas, las sacaba para acariciarlas y besarlas.

De otro lado, el tema del pie y del zapato aparece a menudo en su correspondencia y a veces de manera curiosa. Existe, por ejemplo, una carta a Louise, escrita en Trouville el 26 de agosto de 1853, en la que le dice, bromeando, que si fuera profesor en el Collège de France haría «un cours sur cette grande question des Bottes comparées aux littératures. *"Oui, la Botte est un monde",* dirais-je, etc.». Toda la extensa carta es un divertimento alrededor de ese motivo, varias páginas de divagaciones sorprendentes, ingeniosas y vagamente viciosas (se trata aquí de calzados masculinos) sobre el zapato como símbolo de culturas, civilizaciones y épocas —China, Grecia, la Edad Media, Luis XV— y como emblema de libros y autores —Corneille, La Bruyère, Boileau, Bossuet, Molière,

---

* Albert Thibaudet, *Gustave Flaubert,* París, Gallimard, 1968, p. 115.
** Jean-Paul Sartre, *L'Idiot de la famille. Gustave Flaubert de 1821 à 1857,* París, Gallimard, vols. I y II, 1971, y vol. III, 1972. La referencia está en el vol. II, p. 1525.

etcétera—. Es un juego, sin duda, pero inquietante, sintomático de una inclinación: lo que le permite fantasear con tanta erudición sobre el tema revela que en sus lecturas y observaciones siempre ha estado muy alerta a la aparición de ese miembro, el pie, y su envoltura social, el zapato.

Lo prueba otra carta a Louise, de unos días antes. Recién llegado a Trouville, para pasar allí unas vacaciones, Gustave ha ido a la playa a ver «bañarse a las damas». Su carta (del 14 de agosto de 1853) nos lo muestra espantado de lo feas que quedan las mujeres ocultas en esas bolsas y gorros que se enfundan para meterse al agua; pero lo deprime aún más lo que dejan al aire, es decir, los pies: «Et les pieds! rouges, maigres, avec des oignons, des durillons, déformés par la bottine, longs comme des navettes ou larges comme des battoirs». No cabe duda, se trataba de un amateur. Y es significativo que el nombre del padre supremo del fetichismo del pie —al que ha dado su nombre además—, cuya voluminosa obra novelesca y autobiográfica tiene como columna vertebral esta delicada extremidad femenina y su funda, aparezca garabateado por Flaubert en los manuscritos de *Madame Bovary* que conserva la Biblioteca Municipal de Rouen: la melodía picaresca que canta el Ciego de la novela fue tomada de un libro de Restif de la Bretonne.

En todo caso, ese demonio se proyecta en *Madame Bovary,* donde pies y calzados femeninos son muy importantes en la vida erótica de los varones.* He citado la magia que operan sobre Justin los botines de Emma; en otro momento, el

---

* No sólo en *Madame Bovary,* desde luego, pero aquí quiero limitarme a hablar de este libro. Huellas del mismo interés especial se pueden espigar en toda la obra de Flaubert. Basta recordar el emocionante reencuentro, después de tantos años, de Madame Arnoux y Frédéric en *L'Éducation sentimentale.* Luego de rememorar su amor extraordinario e imposible, Frédéric cae de rodillas y trata de resucitar el deseo de antaño. Está a punto de lograrlo cuando percibe «la pointe de sa bottine» que «s'avançait un peu sous sa robe». Con voz «presque défaillante» Frédéric murmura: «La vue de votre pied me trouble».

narrador refiere, cuando Léon, hastiado, trata de librarse del dominio que Emma tiene sobre él, que «au craquement de ses bottines, il se sentait lâche, comme les ivrognes à la vue des liqueurs fortes». En la entrevista con el notario a quien Emma ha ido a pedir ayuda para pagar sus deudas, Maître Guillaumin se inquieta y parece concebir la idea de aprovecharse de su bella visitante cuando su rodilla roza «sa bottine, dont la semelle se recourbait tout en fumant contre le poêle». Cuando Emma parte, asqueada de la vileza del notario, éste queda idiotizado, «les yeux fixés sur ses belles pantoufles en tapisserie» que eran «un présent de l'amour». La primera vez que Léon ve a Emma, recién llegada a Yonville, Madame Bovary está recogiendo su falda para acercar a la llama de la chimenea «son pied chaussé d'une bottine noire». Y el día del paseo a caballo, que terminará en el acto del amor, Rodolphe aprecia «entre ce drap noir et la bottine noire, la délicatesse de son bas blanc, qui lui semblait quelque chose de sa nudité». Cuando Emma, en el apogeo de su pasión con Rodolphe, alcanza su más espléndida belleza, no es raro, pues, que el narrador precise, describiendo sus encantos, que «quelque chose de subtil qui vous pénétrait se dégageait même des draperies de sa robe et de la cambrure de son pied». En los borradores manuscritos de *Madame Bovary* se descubre que hasta Charles era un amateur. En un pasaje, que luego Flaubert desechó, el oficial de sanidad, al contemplar durante la extremaunción los pies de Emma moribunda, se llena de recuerdos eróticos; vuelve a verse el día de su boda, desanudando los cordones de los zapatos blancos de Emma mientras «il frémissait dans les éblouissements de la possession prochaine». En realidad, los primeros síntomas de emoción en Charles a la vista de Emma son de índole fetichista: los provocan los zuecos que calza la hija del *père* Rouault. El narrador es explícito, dice que Charles va feliz a la granja de Berteaux porque lo atraen esos imanes poderosos: «il aimait les petits sabots de mademoiselle Emma sur les dalles lavées de la cuisine; ses talons hauts la grandissaient un peu, et, quand elle marchait devant lui, les semelles de bois, se relevant vite, claquaient avec un bruit sec contre le cuir de la bottine». Se trata de una presencia numerosa, que tiene distintas tonalidades: voluptuosas, de dominio y, al final, hasta piadosas, cuando el abate Bournisien pone los santos óleos sobre «la plante des pieds, si rapides autrefois quand elle courait à l'assouvissance de ses désirs, et qui maintenant ne marcheraient plus». Pero de toda esa galería de referencias, la más persistente y querida, para mí, es la descripción de la «mignarde chaussure» de Emma —una zapatilla de satén rosado, bordada— que queda colgando del empeine de su pequeño pie, cuando ella salta sobre las rodillas de su amante en ese cuarto atiborrado del Hôtel de Boulogne.

Pero al disociar lo indisociable, sé que miento: lo que importa no es que *Madame Bovary* contenga estos ingredientes, sino, esencialmente, la manera como están combinados en un cuerpo que, por esta razón, es mucho más que la suma de sus partes. Rebeldía-cursilería-violencia-sexo: la forma hace que esta materia indivisible sea lo que es.

Todavía bajo el efecto de la enorme impresión de la novela, leí inmediatamente después, uno tras otro, como episodios de un serial, los demás libros de Flaubert reclutados por Garnier en su colección de tapas amarillas. Unos más, otros menos, todos me conmovieron y consumaron mi adicción. Recuerdo algunas olímpicas discusiones, ese verano del año 59, con amigos que se reían cuando yo aseguraba furioso: «También *Salammbô* es una obra maestra». Todo el mundo está de acuerdo en que este libro ha envejecido y que hoy no hay quien resista, sin bostezos y sonrisas, la historia de la muchacha que cometió el sacrilegio de tocar el velo de Tanit, con sus decorados operáticos y esa antigüedad multicolor que se parece algo a la de Cecil B. de Mille. Es verdad, una buena parte del libro resulta fechada, tributaria del peor romanticismo, como la historia de amor, insustancial y tópica, de Mâtho y la hija de Hamilcar. Pero otro aspecto de la novela no ha perdido su vigor: el épico, las acciones de multitud, que ningún otro novelista, salvo Tolstoi, ha sabido realizar con tanta eficacia como Flaubert. (En *Madame Bovary* hay un ejemplo mayor de esa maestría en el capítulo de los comicios agrícolas: está presente el pueblo entero de Yonville, hablan y evolucionan casi todos los personajes aparecidos hasta entonces y es impecable la síntesis de lo general y lo particular, la alternancia de lo colectivo y lo individual.) Los banquetes, las fiestas, las ceremonias —alucinante, inolvidable inmolación de los niños en las fauces de Moloch— y, sobre todo, las batallas de *Salammbô* conservan intactos un dinamismo, una plasticidad y una elegancia que en literatura no se han vuelto a ver; sí, en cambio, en el cine, por ejemplo en los grandes westerns de John Ford (otro vicio precoz al que sigo fiel). Pero aunque todos los otros libros de Flaubert me gustaron, el único que me sacudió de manera parecida a *Madame Bovary* fue *L'Éducation sentimentale*. Durante mucho tiempo pensé que era la gran novela de Flaubert, en la que había abarcado más, y esta opinión es válida en cierto sentido: lo que en *Madame Bovary* es una mujer y una aldea, en *L'Éducation sentimentale* es una generación y una sociedad. El conjunto es más rico, hay una variedad social y una materia histórica más complejas, una representación más diversificada de la vida, y, desde el punto de vista formal, una originalidad y una brujería iguales. Y, sin embargo, no: el censo, tan vario y espléndido, de *L'Éducation sentimentale* no tiene un personaje como Emma. El tímido Frédéric Moreau y la elusiva, maternal, Madame Arnoux son admirables, pero ni ellos ni la fauna que los rodea —los banqueros, artistas, industriales, mujeres galantes, periodistas, obreros, nobles— resisten la comparación porque ninguno llega a constituir un tipo humano, en el sentido cervantino o shakespeariano que el propio Flaubert definió tan bien: «Ce qui distingue les grands génies, c'est la généralisation et la création. Ils résument en un type des personnalités éparses et apportent à la conscience du genre humain des personnages nouveaux» (carta a Louise, del 25 de septiembre de 1852). Es el caso de Emma Bovary. Ella, como el Quijote o Hamlet, resume en su personalidad atormentada y su mediocre peripecia, cierta postura vital permanente, capaz de aparecer bajo los ropajes más diversos en distintas épocas y lugares, y que, al mismo tiempo que universal y durable, es una de las más privativas postulaciones de lo humano, de la que han resultado todas las hazañas y todos los cataclismos del hombre: la capacidad de fabricar ilusiones y la loca voluntad de realizarlas. También Salammbô, Saint Antoine, Bouvard y Pécuchet, Saint Julien l'Hospitalier alientan ilusiones extraordinarias y voluntades formidables para concretar la quimera, pero sus ambiciones tienen que ver con Dios o con la Ciencia: la utopía de Emma, en cambio, es rigurosamente humana. En la madrugada del 22 de mayo de 1853, Flaubert escribió a Louise: «Une âme se mesure à la dimension de son désir, comme l'on juge d'avance des cathédrales à la hauteur de leurs clochers». Su gloria habrá sido haber creado, en el personaje menudo y versátil de Emma Bovary, la mejor demostración de esta verdad, uno de los campanarios que dominan la llanura de la existencia humana.

En 1962 comencé a leer la *Correspondance* de Flaubert. Recuerdo la fecha exacta; acababa de ganar algún dinero con una novela y mi primera inversión fue comprar, a un librero de Tours, los trece tomos publicados por Conard. Aparte del interés que tiene seguir paso a paso una vida humana tan difícil y áspera, y lo excitante que resulta para el adicto flaubertiano[*] rehacer de mano del propio autor la homérica gestación de sus obras, conocer de cerca sus lecturas, odios, frustraciones, tener la sensación de, rompiendo el tiempo y el espacio, ha-

---

[*] Y lo triste que es, para el enamorado de Emma, descubrir que Flaubert opinaba a veces de ella de manera injuriosa: «c'est une nature quelque peu perverse, une femme de fausse poésie et de faux sentiments», le aseguró a Mlle. Leroyer de Chantepie (carta del 30 de marzo de 1857).

ber penetrado en el círculo de íntimos, los testigos de su vida
—Maxime, Bouilhet, Louise, George Sand, Caroline—, creo
que la correspondencia de Flaubert constituye el mejor amigo para una vocación literaria que se inicia, el ejemplo más
provechoso con que puede contar un escritor joven en el destino que ha elegido. Quienes las hayan leído encontrarán extraño que llame estimulantes unas cartas en las que reina el
pesimismo más sombrío y chisporrotean las maldiciones contra el hombre en general y contra muchos hombres particu-
lares y donde la humanidad parece, con unas pocas excepcio-
nes (casi todas escritores), una masa canalla y grotesca. Pero
al mismo tiempo que esos truenos de furor con que cada noche el gran hombre desfogaba el nerviosismo y la fatiga de
las diez o doce horas de trabajo anteriores,* las cartas mues-
tran mejor que nada la humanidad de su genio, cómo su talento fue una lenta conquista, cómo, en la tarea de la creación,
el hombre está enteramente librado a sí mismo, para mal (nadie vendrá a dictarle al oído el adjetivo adecuado, el adverbio
feliz), pero asimismo para bien, porque, si es capaz de emular
la paciencia y el empeño que revelan esas cartas, si es capaz
de «disecarse en vivo» como Flaubert, conseguirá también, como aquel provinciano vociferante y solterón, escribir algo durable. Esa pequeñez y pobreza que se van convirtiendo poco
a poco en altura y riqueza, ese proceso en el que la constancia
y la convicción juegan un papel tan importantes, pueden ser
un magnífico aliciente para un escritor, un antídoto poderoso
contra el desaliento. Son las épocas en que tenía más dificultades al escribir en las que he leído más —a saltos, blasfeman-
do siempre contra los cortes que infligió a la *Correspondance* la

---

* Esos ataques de rabia lo mueven a veces a desplantes inesperados, a ponerse
límites para la comprobación de su talento. Lleva varias semanas trabajando en
los comicios agrícolas y, de pronto, escribe a Louise: «Je me donne encore quinze
jours pour en finir. Au bout de ce temps-là, si rien de bon n'est venu, je lâche le
roman indéfiniment...» (*Corresp.,* vol. III, p. 369). El episodio, veintinueve páginas, le tomaría en realidad cuatro meses de trabajo.

sobrina Caroline— las cartas de Flaubert y siempre con efectos tonificantes.*

Practico el fetichismo literario: me encanta visitar las casas, tumbas, bibliotecas de los escritores que admiro, y si además pudiera coleccionar sus vértebras, como hacen los creyentes con los santos, lo haría con mucho gusto. (En Moscú, recuerdo, fui el único, en el grupo de invitados, que hice sin desesperarme la infinita peregrinación tolstoiana, el único en olisquear con placer desde las babuchas y samovares hasta la última pluma de ganso.) No olvido la frustración que significó mi visita a Croisset. Habíamos estado antes en Rouen, con Jorge Edwards, echando un vistazo al escenario de la infancia, el Hôtel-Dieu, imaginando la sala de autopsias, queriendo creer que era ésa la ventanilla por donde él y su hermana espiaban las disecciones meticulosas del padre, y dado una vuelta por el cementerio sin encontrar la tumba, y pensábamos que Croisset cerraría con broche de oro el domingo flaubertiano. Sórdida imagen: la casa había sido derribada y sustituida por una fábrica, el ambiente era feo y opresivo, con chimeneas negruzcas; el río, embalsado, ya no pasaba a orillas de la casa y se veían por todas partes pirámides de carbón, una atmósfera de hollín. El museo era sólo el sobreviviente pabellón donde se podía ver un loro disecado que le sirvió de modelo para *Un Coeur simple* y una de las piedras labradas que trajo de Túnez cuando escribía *Salammbô*. Había también unas pocas fotos amarillentas y todo era mezquino y triste. Lo único que resultaba conmovedor era recorrer la famosa «allée des gueulades», la pequeña avenida sombreada de árboles («los mismos», insistía el guía) donde el gigante normando rugía

---

* Es posible que este voluntarismo sea falso, que el logro literario dependa muy secundariamente de la voluntad, que haya factores innatos o casuales decisivos. No importa: desde el punto de vista de quien quiere escribir siempre será preferible creer que todas las puertas están abiertas ante él y que todo dependerá de su lucidez y empeño, que de procesos que escapan totalmente a su control, y en ese sentido no hay mejor modelo que Flaubert.

cada tarde —a la caza de asonancias y consonancias, de las enloquecedoras cacofonías— las frases escritas la noche anterior.

Un enamorado de verdad no se limita a gozar de su amada, sino, como querían en la Edad Media, ordena su vida en función de ese amor y libra todos los combates por la señora que ama. (Fines de 1960. Violenta discusión con un amigo boliviano que él clausuró así: «Eres intratable cuando se trata de Cuba o de Flaubert». Catorce años después admito con espíritu más flexible las críticas a la Revolución Cubana; mi intransigencia sobre el tema Flaubert, en cambio, sigue siendo total.) La adicción me llevó no sólo a devorar todos los libros de Flaubert sino cuanta literatura crítica o parásita en torno a él cayó en mis manos, y Flaubert ha sido en muchos casos el termómetro que me ha servido para medir a otros autores, el factor que decidió mi entusiasmo o mi rechazo. Así, estoy seguro que mi aborrecimiento a Barbey d'Aurevilly tiene como razón sus ataques a Flaubert, y que mi poca simpatía por Valéry o Claudel (quien calificó el bellísimo comienzo de *Salammbô* como la prosa más chata de la literatura francesa) se debe a lo mismo, y que el súbito cambio de opinión hacia Henry James, cuyas novelas me impacientaban sobremanera antes, empezó cuando leí su inteligente ensayo sobre Flaubert. Mi falta de respeto hacia la crítica literaria de actualidad se funda, en buena parte, en haber conocido, gracias a los píos trabajos de René Dumesnil, lo que dijeron las revistas y periódicos a la aparición de los libros de Flaubert, y mi convencimiento de que, por lo general, los creadores han tenido mejor olfato que los críticos para descubrir lo nuevo parte del artículo de Baudelaire sobre *Madame Bovary*. Quiero evocar aquí la insolentísima afirmación de Ezra Pound en *ABC of reading*, que leí (como se dice) con un vuelco en el corazón, asegurando que, a diferencia del poeta, quien para tener una formación adecuada debe leer una copiosa lista de autores que se inicia en Homero, el prosista podía comenzar simplemente con el autor de *Bouvard et Pécuchet*.

La crítica de su tiempo fue injusta y miope con Flaubert. Incluso *Madame Bovary,* que tuvo éxito de público —motivado, en buena parte, por el escándalo que significó el juicio—, mereció duros ataques de los gacetilleros parisinos, pero, al menos en esta novela, Sainte-Beuve y otros pocos acertaron. En cambio, los demás libros fueron objeto de la incomprensión y provocaron verdaderas asonadas periodísticas (siempre alcanzó el récord Barbey d'Aurevilly, quien, por ejemplo, declaró que *La Tentation de Saint Antoine* era tan indigesta como la segunda parte del *Fausto*), donde, a la ignorancia e insensibilidad, se mezclaban a menudo el resentimiento y la mala fe. La generación siguiente, más bien, reivindicó a Flaubert y, aunque él se opuso siempre a ocupar el lugar que Zola y los naturalistas le reservaban, lo consideró un maestro. Pero luego la literatura francesa menospreció a Flaubert —Claudel no es una excepción— y hasta la década del cincuenta los escritores y críticos daban un poco la impresión de acordarse de Flaubert sólo para denigrarlo. Los existencialistas, convencidos de que la literatura es una forma de acción y de que el escritor debe participar con todas sus armas, empezando por la pluma, en el combate de su tiempo, difícilmente podían tolerar su fanatismo de la forma, su aislamiento desdeñoso, su artepurismo, su desprecio de la política. Olvidando que lo esencial de Flaubert es la obra y no sus humores y opiniones personales, extendieron hacia las novelas el desagrado que les producía ese ermitaño de Croisset que batallaba contra las palabras mientras se venía el mundo abajo. Esta actitud encuentra su expresión más airada en las frases contra Flaubert de Sartre, en *Situations, II,* un ensayo que yo había leído con fervor, años antes de contraer la adicción, y que me producía retroactivamente una especie de angustia, una colisión de lealtades.

En la década del sesenta, la valoración de Flaubert en Francia cambió radicalmente; el menosprecio y olvido se convirtieron en rescate, elogio, moda. Los franceses, al mismo tiempo que yo, se volvían adictos y, con una actitud entre celosa y complacida, vi en esos años convulsos de gaullismo, guerra de Argelia, OAS y, para mí, galopantes horarios de literatura y radio (la ORTF era mi trabajo alimenticio), propagarse la pasión flaubertiana. Tengo muy presente la satisfacción, como si un familiar o un amigo hubiera sido el homenajeado, con que leí el prólogo de François-Régis Bastide para la reimpresión que hicieron Éditions du Seuil de *La Première Éducation sentimentale*, conocida hasta entonces sólo por un público universitario, y que terminaba con esta afirmación que yo no hubiera vacilado un segundo en clavar en la puerta de mi casa: «Ya lo sabíamos, pero ahora lo sabemos de una vez y para siempre: el verdadero Patrón es Flaubert».

A los *engagés* había sucedido, en la actualidad literaria francesa, esa heterogénea serie de novelistas agrupados por la crítica bajo el rótulo de «nouveau roman». Aunque me aburrían mucho casi todos, con la excepción de Beckett (se le incluía en el grupo porque compartía el editor con los demás), quien también me aburría pero me daba la impresión de que, en su caso, el aburrimiento tenía justificación, siempre les tuve simpatía porque proclamaban a los cuatro vientos la importancia de Flaubert para la novela moderna. Sin embargo, la primera en analizar teóricamente este vínculo no fue un novelista, sino una erudita, Geneviève Bollème, quien en 1964 publicó un ensayo, *La Leçon de Flaubert*, destacando en el autor de *Madame Bovary* aquellos aspectos en los que centraban sus experimentos los nuevos narradores: conciencia artística, obsesión descriptiva, autonomía del texto, en otras palabras, el «formalismo» flaubertiano. Su ensayo era una demostración aplicada de una convicción audaz: que en todo Flaubert y principalmente en *Madame Bovary* lo esencial es la descripción, que ella deshace la historia, que «describir» y no «relatar» fue para él la experiencia única capaz de expresar «los movimientos de la vida». Era una manera astuta de tender un puente entre Flaubert y los nuevos novelistas, todos ellos encarnizados descriptores y relatores más bien apáticos. En reportajes, artículos o conferencias, Robbe-Grillet, Michel Butor, Claude Simon habían reconocido a Flaubert el papel de adelantado de la modernidad. Pero quien se encargó de coronarlo oficialmente como maestro de la nueva novela fue Nathalie Sarraute, en un artículo brillante y tendencioso de la revista *Preuves* (febrero, 1965): «Flaubert le précurseur». Quedé pasmado, en un bistrot de Saint-Germain, mientras lo leía. Estaba feliz con algunas afirmaciones («En este momento, el maestro de todos nosotros es Flaubert. En torno a su nombre, hay unanimidad; se trata del precursor de la novela actual»), pero cuando el artículo pasa a explicar las razones del liderazgo, tuve la impresión de soñar. Sacando fuera de contexto un párrafo de una carta a Louise («Ce qui me semble beau, ce que je voudrais faire, c'est un livre sur rien, un livre sans attache extérieure, qui se tiendrait de lui-même par la force interne de son style, comme la terre sans être soutenue se tient en l'air, un livre qui n'aurait presque pas de sujet ou du moins où le sujet serait presque invisible, si cela se peut»), Nathalie Sarraute confundía ese deseo de Flaubert con la realidad de su obra y llegaba a esta extraordinaria conclusión: «Libros sobre nada, casi sin tema, liberados de personajes, de intrigas y de todos los viejos accesorios, reducidos a un puro movimiento que los emparenta al arte abstracto». Era difícil ir más lejos en la desnaturalización; nunca tan verdadera la frase de Borges según la cual cada autor crea a sus precursores.

Pero, en fin, un lector tiene derecho a encontrar lo que pone en lo que lee. La cita de Nathalie Sarraute es de una carta escrita cuando Flaubert se hallaba entregado a *Madame Bovary* y quien haya seguido la elaboración de esta novela o de las otras sabe la atención minuciosa que prestaba a la historia —las situaciones, el escenario, los personajes, la peripecia—, el cuidado con que trazaba el plan argumental. Se podrían extraer centenares de citas de la *Correspondance* sobre la importancia que atribuía a la materia (él llamaba a eso «las ideas» de una novela), como se desprende, por ejemplo, de su opinión sobre *Graziella* de Lamartine. Su antojo de «un livre sur rien, un livre sans attache extérieure» es más justo entenderlo, de un lado, como un arrebato de entusiasmo por el estilo, y de otro, como una defensa más de la autonomía de la ficción —todo en una novela, su verdad y su mentira, su seriedad o banalidad, está dado por la forma en que se materializa—, la necesidad de que una novela sea persuasiva por sus propios medios, es decir, por la palabra y la técnica y no por su fidelidad al mundo exterior (aunque él sabía que la confrontación es inevitable desde que el libro está en manos del lector, quien sólo puede apreciar, entender, juzgar en función de ese mundo exterior del que es parte). La cita es un argumento a favor de la objetividad narrativa, no una negación de la anécdota. Si Nathalie Sarraute hubiera seguido revisando la *Correspondance,* hubiera encontrado que un año y cinco meses después de la frase citada por ella, Flaubert escribió —también a Louise— esta otra, que comienza retomando idéntica idea (libros sobre nada) y luego la corrige y completa en el sentido opuesto: «Je voudrais faire des livres où il n'eût qu'à écrire des phrases (si l'on peut dire cela), comme pour vivre il n'y a qu'à respirer de l'air. Ce qui m'embête, ce sont les malices de plan, les combinaisons d'effets, tous les calculs du dessous *et qui sont de l'Art pourtant, car l'effet du style en dépend, et exclusivement»* (carta de la madrugada del 26 de junio de 1853; yo subrayo). Más claro no canta un gallo: la parte excitante era, para él, trabajar el estilo, la elección de las palabras, resolver los problemas de nominación, adjetivación, eufonía, ritmo. La otra parte le gustaba menos —las «malicias del plan», las «combinaciones de efectos», los «cálculos de fondo» son, evidentemente, los problemas relativos a los datos, el orden de las anécdotas que componen la historia, la organización de la materia en un sistema temporal—, pero no negaba que fuera artística ni importante. Al contrario, Flaubert afirma que «el efecto del estilo» *depende* de todo ello, y añade, en forma categórica:

exclusivamente. Un autor puede no ser del todo consciente de la significación plena de su obra, y hubiera podido ocurrir que Flaubert, ambicionando escribir novelas que fueran sólo palabras, libros sin historia, hubiera contribuido a la novela moderna con invenciones que tienen que ver tanto, o quizá más, con la técnica narrativa —el montaje de la historia— que con el uso de la palabra. Me alegra poder probar que no es así; además de ser, en la práctica, un gran contador de historias, Flaubert fue perfectamente lúcido sobre la función de la anécdota en la narrativa y consideró incluso que la eficacia de la prosa (lo que para él quería decir su belleza) dependía «exclusivamente» de ella. Haber encontrado esta cita, que corrobora mi propia idea de la novela, es uno de los placeres que me ha producido la *Correspondance,* en estos días en que tantos narradores atacan con saña la «historia» en la ficción; otro, más personal aún, es la felicidad con que cualquier admirador del *Amadís de Gaula* y del *Tirant lo Blanc* descubre que alguna vez Flaubert escribió: «Tu sais que c'est un de mes vieux rêves que d'écrire un roman de chevalerie. Je crois cela faisable, même après l'Arioste, en introduisant un élément de terreur et de poésie large qui lui manque. Mais qu'est-ce-que je n'ai pas envie d'écrire? Quelle est la luxure de plume qui ne m'excite!» (*Corresp.,* vol. III, p. 245).

Pero lo importante era que, aunque algo adulterado, Flaubert volvía a la actualidad a pasos rápidos. Las adulteraciones no sólo provenían del sector formalista. Casi al mismo tiempo que el artículo de Nathalie Sarraute —desviacionismo de derecha— leí, con gemela sorpresa, en *Recherches Soviétiques* (Cahier 6, 1956), la traducción de un ensayo de un miembro de la Academia de Ciencias de la URSS, A. F. Ivachtchenko, quien proponía una interpretación desviacionista de izquierda: Flaubert resultaba uno de los padres del realismo crítico.

Y en esos años, también, comenzó Sartre a hacer algo que puede considerarse una laboriosa y monumental autocrítica. Del juicio sumarísimo a Flaubert en *Situations, II* al esfuerzo de situarlo en su medio familiar, social e histórico en una interpretación que, congeniando a Marx, Freud y el existencialismo, atendiera totalizadoramente a los aspectos sociales e individuales de la creación, que eran «Question de méthode» (en *Critique de la raison dialectique,* 1960) y los artículos de 1966 en *Les Temps Modernes,** había un considerable giro, un tránsito del desprecio hacia el respeto, una voluntad de comprensión muy distinta del ukase inicial. Ese proceso ha culminado en los tres volúmenes de *L'Idiot de la famille* (Sartre anuncia un cuarto, dedicado a *Madame Bovary,* pero no sería extraño que la obra quedara inconclusa, como ha ocurrido con otras series suyas) y que son la apoteosis del interés por Flaubert que ha caracterizado a la literatura francesa de los años sesenta. El más irreductible de sus críticos, el enemigo más resuelto de lo que representó Flaubert como actitud ante la historia y el arte, dedica veinte años de su vida y tres millares de páginas a estudiar su «caso» y reconoce que el hombre de Croisset fundó, junto con Baudelaire, la sensibilidad moderna. A mí esta reconciliación vino a resolverme un problema personal. Sartre es uno de los autores a quien creo deber más, y en una época admiré sus escritos casi tanto como los de Flaubert. Al cabo de los años, sin embargo, su obra creativa ha ido decolorándose en mi recuerdo, y sus afirmaciones sobre la literatura y la función del escritor, que en un momento me parecieron artículos de fe, hoy me resultan inconvincentes —son los ensayos dedicados a Baudelaire, a Genet, sus polémicas y artículos lo que me parece más vivo de su obra—. Su figura moral, en cambio, ha ido agigantándose siempre para mí, en las crisis y dilemas de estos años difíciles, por la lucidez, honestidad y valentía juvenil con que ha sabido enfrentarse, no sólo al fascismo, al conservadurismo y a las trampas burguesas, sino también al autoritarismo y al espíritu clerical de la izquierda.

---

* «La Conscience de classe chez Flaubert» y «Flaubert: du poète à l'artiste», en *Les Temps Modernes,* de mayo-junio, 1966, y de agosto, 1966.

Mi opinión sobre *L'Idiot de la famille* no es excesivamente entusiasta; el libro interesa más al sartreano que al flaubertiano; a los dos meses de lectura que exige el ensayo uno queda con la sensación de una gigantesca tarea que no llega jamás a cumplir el designio enunciado en el prólogo —explicar las raíces y la naturaleza de la vocación de Flaubert, mediante una investigación interdisciplinaria en la que todas las ciencias humanas de nuestro tiempo concurrirían para mostrar qué se puede saber, hoy, de un hombre—. No importa que un ensayo literario —el de Sartre lo es sólo a medias— se aparte del objeto de su estudio para hablar de otros temas, siempre y cuando el resultado justifique el desplazamiento. Pero en *L'Idiot de la famille* no ocurre así: al final, la impresión es de atomización, de un archipiélago de ideas desconectadas, de una desproporción notoria entre los medios empleados y el fin alcanzado. Libro extraordinariamente desigual, alternan en él análisis agudos y hallazgos luminosos con contradicciones flagrantes. Lo raro, en un fervoroso de lo concreto y lo real, como Sartre, es que buena parte del libro sea especulación pura, con un ancla muy débil en la realidad. En el primer tomo, por ejemplo, en tanto que la relación entre Gustave y su padre, el doctor Flaubert, resulta verosímil y está apoyada en textos sólidos, las relaciones que describe entre Flaubert y su hermana Caroline, primero, y, luego, entre Gustave y Alfred Le Poittevin, se basan en presunciones, algunas sumamente dudosas. Otro rasgo inesperado del libro es que, aunque en el avance contenido en «Question de méthode» la perspectiva del estudio quería ser simultáneamente existencialista, marxista y psicoanalítica, en *L'Idiot de la famille*, salvo en momentos ocasionales —algunos de gran brillantez, como la descripción del encontrado origen social e ideológico del padre y la madre de Flaubert, o el examen de las clases sociales durante el Segundo Imperio—, el grueso de la interpretación es estricta y se diría ortodoxamente freudiana, aunque arropada con un vocabulario existencialista. No lo digo como reproche, sino como curiosidad. Por lo demás, quizá las mejores páginas han sido logradas gracias al método freudiano: la explicación psicoanalítica de la «crisis de Pont-l'Évêque», es decir, la eternamente debatida cuestión de la naturaleza exacta de la enfermedad de Flaubert —epilepsia, histeria, etcétera—, debate al que Sartre, con su teoría de la neurosis, aporta un macizo, complejo e imaginativo, aunque no enteramente persuasivo, punto de vista. Es en este segundo volumen, sobre todo, donde el ensayo se aparta casi por completo de la literatura para ser sólo psicología. En vez de «explicar» a Flaubert y a su obra a partir de esa neurosis tan minuciosamente desmontada, Sartre parece utilizar la persona y los escritos de Flaubert para ilustrar los mecanismos de la personalidad neurótica. Resulta instructivo y fascinante lo que se aprende sobre patología mental, complejo de Edipo, de castración, desplazamientos simbólicos; pero es muy poco, en cambio, lo que todo esto aclara sobre la obra de Flaubert. La descripción de traumas genéricos, de situaciones típicas, disuelve por completo dentro de una abstracción la especificidad de Flaubert, y era ésta la que, según su propósito explícito, el ensayo debía cernir. Además, en este tomo segundo, más todavía que en el primero, hay repeticiones desesperantes y se tiene a ratos la sensación, girando en esa prosa que reitera, vuelve, desanda, trajina cien veces la misma idea, que Sartre ha caído prisionero de su propia telaraña, que se halla —para utilizar una imagen que le es cara— secuestrado en su construcción laberíntica. Lo mismo podría haber sido dicho en la mitad de páginas. Esta certeza todavía se acentúa en el último volumen, el más disperso de los tres. Salvo en la sección titulada «Névrose et programmation chez Flaubert: le Second Empire», Flaubert se ha volatilizado y el libro se eterniza, describiendo con una retórica a ratos ampulosa, procesos psíquicos independientes, desligados de su caso particular: lo general ha borrado lo singular, lo abstracto a lo concreto. La última parte, en cambio, es la más interesante, sobre todo la comparación entre Flaubert y Leconte de Lisle —el resumen de lo que significó el parnasianismo y los vínculos entre su estética y la teoría flaubertiana del arte es admirable— y lo mismo puede decirse del seductor análisis de las relaciones entre Flaubert y el Segundo Imperio, aunque no quede probada del todo la tesis de Sartre según la cual el escritor representativo de esta sociedad fue el autor de *Madame Bovary,* quien se habría identificado visceralmente con lo que el régimen de Louis Bonaparte significó. Al mismo tiempo, este análisis histórico-social es un corte tan brusco con lo anterior —que se movía exclusivamente en el plano psicológico y psíquico—, que parece el comienzo de otra investigación, una ruptura más que un complemento. El libro cesa de manera abrupta, como si la fatiga hubiera sorprendido al autor a mitad de la carrera, al descubrir que se había fijado una distancia demasiado grande para sus fuerzas, para las fuerzas de cualquier hombre solo. Al final, resulta desalentador comprobar que los textos de Flaubert estudiados con más celo son apenas los escritos de infancia y adolescencia, que el esfuerzo empleado en el examen de esos textos —casi todos ellos de escaso valor literario, meros indicios prehistóricos de una vocación— ha agotado el tiempo y la energía del crítico, quien, al cabo del caudaloso texto, por una errónea planificación, no ha llegado aún a estudiar ni siquiera la primera novela que publicó Flaubert. Así, la obra terminada resulta ser lo que, sin duda, en el proyecto original de Sartre debieron ser las consideraciones previas para una interpretación. A diferencia de ese personaje de *La peste* de Camus, que nunca escribe una novela porque jamás decide cómo estructurar la primera frase del libro, aquí el escritor se ha puesto a escribir con tanta furia, ha desarrollado con tanto pormenor y consideraciones adventicias los prolegómenos, que ha perdido la perspectiva del conjunto, y de pronto descubre que el trabajo ha tomado tales proporciones que ya no tendrá tiempo —ni, sin duda, ganas— de llevar a término la empresa. El resultado es un bebe monstruo, un gigante niño, un producto frustrado y genial. Eso se llama, desde luego, caer con todos los honores, ser derrotado por exceso de audacia: sólo ruedan hondo los que han trepado alto.

Naturalmente, la comparación de lo ocurrido a Sartre en este libro con lo que le ocurrió a Flaubert en el último que escribió es obligatoria. ¿Cabe un parecido mayor, un fracaso tan igualmente admirable y por razones tan idénticas como el de *L'Idiot de la famille* y *Bouvard et Pécuchet*? Ambas son tentativas imposibles, empresas destinadas a fracasar porque ambas se habían fijado de antemano una meta inalcanzable, estaban lastradas de una ambición en cierto modo inhumana: lo total. La idea de representar en una novela la totalidad de lo humano —o, si se quiere, la totalidad de la estupidez, pero para Flaubert ambos términos expresaban casi la misma cosa— era una utopía semejante a la de atrapar en un ensayo la totalidad de una vida, explicar a un hombre reconstruyendo *todas* las fuentes —sociales, familiares, históricas, culturales, psicológicas, biológicas, lingüísticas— de su historia, todos los afluentes de su personalidad visible y secreta. En los dos casos el autor intentaba desenredar una madeja que tiene principio, no fin. Pero es evidente que en ambos casos en el defecto está el mérito, que la derrota constituye una suerte de victoria, que en ambos casos la comprobación del fracaso sólo cabe a partir del reconocimiento de la grandeza que explica y que hizo inevitable ese fracaso. Porque haberse empeñado en semejante aventura —haber incurrido en el crimen de Luzbel: querer romper los límites, ir más allá de lo posible— es haber fijado un tope más alto a la novela y a la crítica.

Y así llego al final de mi historia de amor. Es triste y grandioso, como el de toda historia romántica que se respete, esas que le gustaban a Emma y que me gustan a mí. Es triste porque esta larga y fidelísima pasión nació condenada, por la miserable razón de existencia, a verterse en una sola dirección, a ser solicitud sin respuesta, y porque la última imagen de la historia remeda a la primera: el amante, solo, el corazón acelerado de deseo, los ojos fijos en el libro que sus manos tienen con ternura, y en la mente, como un ratoncito de dientes carniceros agazapado en una cueva profunda, la terrible certeza de que la más terrenal de las mujeres nunca abandonará su recinto sutil para acudir a la cita. Pero el amante no desiste, porque esta dama ha colmado su vida de una manera sin duda menos gloriosa, pero quizá más durable, que la que permite el amor compartido, donde, como aprende Emma, se está siempre expuesto a comprobar que todo es transeúnte, y porque su señora, aunque nunca ha tomado cuerpo ni estado en sus brazos, seguirá naciendo para él en una perdida granja del país de Caux y repitiendo su aventura cuantas veces se lo pida, con docilidad maravillosa, sin dar muestras de fatiga ni aburrimiento.

El final de la historia es grandioso porque en los últimos años esta campesinita normanda ha alcanzado una popularidad que no da señales de cesar y que en los años venideros probablemente seguirá creciendo. Ha sido admirada por hombres y mujeres de la más diversa condición; austeros profesores han dedicado su vida a estudiarla, jóvenes iconoclastas quieren acabar con toda la literatura del pasado y empezar otra nueva desde ella, sabios filósofos que la habían ofendido hacen propósito de enmienda en gruesos volúmenes que servirán de zócalo a su estatua. No sólo ocurre en su país, sino en muchos. Ahora también en el mundo de habla castellana, donde, después de haber sido mucho tiempo olvidada, vuelve a ponerse al alcance de tantos ojos, manos, corazones, en una traducción digna. Debería estar celoso, pero no lo estoy; como a ciertos viejos perversos con sus jóvenes esposas, me halaga sobremanera esa solicitación tenaz, ese favor multitudinario, esa excitación hormigueante que rodea a la muchacha que amo. Sé que, en el territorio en que prodiga su belleza, nadie, fuera del oficial de sanidad, Rodolphe y Léon, gozará de ella, y que en este donde me hallo a nadie podrá dar más de lo que a mí me ha dado.

DOS

EL HOMBRE-PLUMA

Je suis un homme-plume. Je sens par elle, à cause d'elle, par rapport à elle et beaucoup plus avec elle.

Carta a Louise Colet,
1 de febrero de 1852

1. ¿Cuál fue el punto de partida de *Madame Bovary*?

APARENTEMENTE, una frustración. A mediados de septiembre de 1849, Flaubert convoca a su casa de Croisset, en las cercanías de Rouen, a sus amigos Maxime du Camp y Louis Bouilhet para leerles un manuscrito que había comenzado el 24 de mayo de 1848 y concluido unos días antes, el 12 de septiembre, a las tres y veinte de una tarde soleada y ventosa: la primera *Tentation de Saint Antoine*. La idea de este libro le fue sugerida por el cuadro de Brueghel que había visto en Génova en la primavera de 1845, aunque, en realidad, el tema del infierno y Satán lo rondaba desde niño, cuando veía representar cada otoño, en Rouen, en la feria de Saint-Romain, el misterio de san Antonio, en la barraca de un titiritero célebre en la comarca, el *père* Legrain. A los catorce años había escrito, en versículos bíblicos, un *Voyage en enfer*, el hito más remoto de ese ciclo satanista que abarca casi cuarenta años de su vida (la versión definitiva de la *Tentation* apareció en 1874); dos años más tarde, un *Rêve d'enfer;* en 1838, una *Danse des morts,* que tiene al Diablo como personaje, y en 1839, *Smarh,* extenso misterio luciferino, impregnado de romanticismo byroniano. La ansiedad con que Flaubert espera el veredicto de sus amigos no se debe sólo a la importancia que tiene para él la materia de ese libro, demonio que azuza su vocación hace ya quince años. Ocurre que en esta primera *Tentation de Saint Antoine* ha trabajado con una disciplina rigurosa (a los dieciséis meses se sumaban cerca de tres años de documentación, en los que consultó toda clase de libros: incunables medievales, teólogos como Swedenborg y místicos como santa Teresa, historias de los comienzos del cristianismo, tratados sobre religión) y con placer, sin esas angustias y depresiones que convertirán en calvarios la redacción de sus libros posteriores. Años más tarde, sumido en las dudas y la fiebre de *Madame Bovary,* le confesará a Louise: «*Saint Antoine* ne m'a pas demandé le quart de la tension d'esprit que la *Bovary* me cause. C'était un déversoir; je n'ai eu que plaisir à écrire, et les dix-huit mois que j'ai passés à en écrire les 500 pages ont été les plus profondément voluptueux de toute ma vie» (carta del 6 de abril de 1853).

Hay otras razones por las cuales esa lectura que va a hacer es muy importante para él. Hace ya algunos meses, Madame Flaubert ha autorizado a su hijo Gustave a emprender un largo viaje por Oriente con Maxime du Camp, pero Flaubert ha aplazado la partida hasta terminar este manuscrito. Así, el viaje por las tierras de la antigüedad, ambición suprema para un joven educado por lecturas románticas y ávido de exotismo y color local, pasó a ser como una recompensa al esfuerzo de esos dieciséis meses. De otro lado, ha escrito esta primera *Tentation* en condiciones muy distintas a lo que lleva hecho, esos textos —la primera *Éducation sentimentale, Novembre, Mémoires d'un fou, Smarh*—, que permanecen inéditos, porque los considera fracasos. Su obra anterior es de una época en la que Gustave parecía destinado a integrarse a la sociedad a través de alguna profesión liberal, como su padre y su hermano Achille, ambos médicos. Son textos redactados robándole horas al colegio, como *Mémoires d'un fou* o *Smarh*, o a la universidad, como la primera *Éducation sentimentale* y *Novembre*. Ya sabía entonces Gustave que lo único que le interesaba era la literatura, y la idea de tener un porvenir burgués, una actividad cualquiera que no fuera escribir, lo atormentaba, como atestiguan sus cartas de adolescencia, pero el doctor Flaubert no le permitía ninguna escapatoria: había que seguir el camino señalado por ese (Dios) Padre cuyo dedo apuntaba hacia la facultad de Derecho. En esos años Flaubert es un escritor a medias, un joven cuyo tiempo y energía se reparten la literatura y ocupaciones que él considera un obstáculo. Pero cuando escribe la primera *Tentation* su destino ha dado un vuelco: la literatura ocupa ahora el terreno como reina y señora. Una noche oscura de enero de 1844, en los alrededores de Pont-l'Évêque, Gustave ha tenido la primera crisis de esa enfermedad que, padecida o elegida, muy oportunamente viene a librarlo de los estudios de leyes, de la obligación de «labrarse un futuro» que lo estaba enloqueciendo. El cirujano-jefe del hospital de Rouen no tiene más remedio que inclinarse: Gustave abandonará la universidad y permanecerá en su casa, haciendo vida de inválido. Dos años después, se consolida su liberación: muere el doctor Flaubert, la sombra aplastante que todavía podía oscurecer su libertad (se dice que la amargura de ver a su hijo convertido en un inútil para la acción aceleró su muerte). El porvenir de Flaubert está trazado a partir de entonces en el sentido que quería: vivirá junto a su madre, de las rentas que ha dejado su padre, dedicado exclusivamente a leer y escribir. La primera obra de creación, producto de esta nueva existencia consagrada a la literatura (el libro de viajes por Bretaña, escrito a medias con Maxime du Camp, es apenas un ejercicio de estilo), es esa *Tentation* que el apuesto gigante normando de cabellos rubios y ojos azules, que pronto cumplirá veintiocho años, se dispone a leer a sus amigos Bouilhet y Du Camp, escritores también. Se comprende que esté lleno de alegría, desasosiego, temor, cuando inicia la lectura.

2. ¿Cómo se llevó a cabo la lectura y cuál fue la reacción de los amigos?

LA LECTURA del enorme manuscrito —la primera *Tentation* duplica las páginas de la definitiva— tuvo como escenario el dormitorio y el cuarto de trabajo de Gustave y se llevó a cabo según una puesta en escena y un horario estrictos. Quedó acordado, desde un principio, que Bouilhet y Du Camp no harían comentarios hasta el final. La ceremonia duró cuatro jornadas, cada una dividida en dos sesiones de lectura de cuatro horas: de mediodía a cuatro de la tarde y de ocho a doce de la noche. El único lector era Gustave, quien «modulaba, cantaba, salmodiaba» su texto mientras Bouilhet y Du Camp escuchaban silenciosos, cambiando a veces una rápida mirada. El primer día, antes de iniciar la lectura, en un arranque de euforia, Gustave agitó el manuscrito en el aire: «¡Si no dan gritos de entusiasmo, nada puede conmoverlos!». Madame Flaubert no asistía a las sesiones, pero merodeaba por el pasillo, inquieta, y, a veces, sin poder contenerse, llamaba aparte a Louis y a Maxime: «¿Y?». Ellos respondían con evasivas. Pero, a solas, los dos amigos decidieron ser sinceros con Flaubert. Hasta entonces, tenían una falsa idea del libro; imaginaban un monólogo del eremita refiriendo sus experiencias o una novela histórica sobre el cristianismo de los tiempos heroicos. Esas ocho horas diarias de lectura quedaron grabadas en la memoria de Maxime como algo «penoso». A la medianoche del cuarto día, Gustave lee la última frase y, sin duda ronco, da un golpe en la mesa: «Bueno, les toca a ustedes. Díganme francamente lo que piensan». Quien pronuncia el fallo es Louis Bouilhet, un tímido que, según Du Camp, podía ser implacable cuando se trataba de literatura: «Nuestra opinión es que debes echarlo al fuego y no volver a hablar jamás de eso». Flaubert reacciona como un animal herido. Todo el resto de la noche los amigos discuten, Gustave defendiendo su libro, Louis y Maxime criticándolo. Finalmente, Flaubert se rinde: «Quizá tengan razón. Me dejé absorber por el tema, me entusiasmé con él y ya no vi claro. Lo admito, el libro tiene los defectos que señalan, pero estos defectos están en mi naturaleza. ¿Qué puedo hacer?». Le responden: «Renuncia a esos temas, tan difusos y vagos que no puedes dominar, que no consigues concentrar. Puesto que tienes una invencible tendencia hacia el lirismo, busca un tema en el que el lirismo resultaría tan ridículo que te verás obligado a controlarte y a eliminarlo. Algún asunto banal, uno de esos incidentes que abundan en la vida burguesa, algo como *La Cousine Bette* o *Le Cousin Pons*, de Balzac, y esfuérzate por tratarlo de manera natural, casi familiar, desechando esas digresiones, esas divagaciones, bellas en sí mismas pero que son entremeses inútiles al desarrollo de la concepción y molestias para el lector». Flaubert, «más vencido que convencido», murmura: «No será fácil, pero lo intentaré». Eran las ocho de la mañana, la luz y los ruidos del día invadían la espaciosa mansión, y, al salir del cuarto, Du Camp alcanzó a ver un vestido negro de mujer que desaparecía en la escalera: Madame Flaubert había estado escuchando, el oído pegado a la puerta. La señora se conformó aún menos que su hijo al veredicto; guardó rencor a Bouilhet y a Du Camp y vivió convencida de que esa opinión (sobre todo la de Maxime) era hija de la envidia que tenían a Gustave.

Al día siguiente, luego de esa noche desvelada y tensa, los tres amigos pasean por el jardín de la casa de Croisset, mirando las aguas del Sena, incómodos por lo sucedido la víspera. De pronto, Bouilhet se vuelve a Gustave: «Oye, ¿y por qué

no escribes una novela basada en la historia de Delaunay?».
Flaubert alzó la cabeza, feliz: «¡Qué gran idea!».

Ésa sería la partida de nacimiento de *Madame Bovary.*

3. ¿Cuál es el grado de verosimilitud de esta anécdota?
¿Fue justa o injusta la opinión de Du Camp y Bouilhet?

MI IMPRESIÓN es que las líneas generales de la anécdota
son ciertas y que los detalles han sido coloreados o inventados. La única fuente del episodio es Maxime du Camp, quien
lo consigna en las memorias que publicó cuando Madame
Flaubert, Gustave y Bouilhet estaban muertos.* El testimonio de Du Camp es considerado dudoso por críticos y biógrafos, pues les parece que, tal como intuyó Madame Flaubert,
Maxime tuvo celos de su amigo: hizo o aprobó los cortes a
Madame Bovary de *La Revue de Paris,* declaró frustrada *L'Éducation sentimentale* y recomendó también decenas de supresiones, y, muerto Gustave, esbozó de él una imagen pérfida en
la que, por un lado, rebaja su talento, y, por otro, aparece él,
gracias a sus sugerencias y críticas, como responsable de los
aciertos literarios de Flaubert. La verdad es que no me convence totalmente este criterio. Maxime du Camp, polígrafo
mediocre que obtuvo todo lo que ambicionó —éxito social y
literario, condecoraciones, la Academia—, difícilmente pudo
entender la actitud de Flaubert frente a su vocación, y menos
todavía apreciar su genio. Es probable que, en el fondo, sus
opiniones dijeran sinceramente lo que sentía por Flaubert:
un amistoso desdén, una deferencia paternal hacia el amigo
que, pese a sus esfuerzos (y quizá debido a la epilepsia, como
escribió), nunca consiguió, como él, «triunfar» en la búsqueda de la popularidad, los honores y el poder. Maxime queda-

---

* Maxime du Camp, *Souvenirs littéraires,* vols. I y II, París, Hachette, 1882-
1883. El episodio está relatado en el vol. I, cap. XII.

ría sorprendido, sin la menor duda, si supiera que ahora su presencia en la literatura se debe sólo a que fue amigo de Gustave, salvo para los pocos especialistas que lo mencionan como precursor del futurismo por unos poemas que compuso cantando el progreso, la ciudad y la máquina.

En todo caso, su testimonio es cierto en la opinión severísima que les mereció a él y a Bouilhet la primera *Tentation*. Los críticos, con esa acomodaticia facilidad con que alaban lo consagrado, acusan hoy de ceguera a Du Camp y a Bouilhet por no haber sabido detectar en esas cuatro jornadas la obra genial. Muchos juzgan la primera *Tentation* por la versión depurada y ceñida de 1874, cuyo valor es indiscutible. En cambio, respecto a la versión de 1849, mi opinión no está muy lejos de la de los dos amigos. Se trata de un libro amorfo y desigual, de una prolijidad tediosa, en el que la elocuencia, la reiteración, la manía metafórica asfixian los hallazgos de estilo. Hay una facilidad de la que el autor abusa, un lirismo descontrolado y verboso, y, en la organización del libro, descuido, desproporción, espontaneísmo, defectos que, a partir precisamente de *Madame Bovary*, Flaubert temería como a la peste. Sorprende que quienes admiran las virtudes literarias «flaubertianas» —la palabra justa, la impersonalidad, la objetividad, la composición rigurosa, el control racional de la intuición— no se hagan este razonamiento: si Bouilhet y Du Camp no hubieran infligido tan dura desilusión a Gustave, éste hubiera podido, tal vez, perseverar en un tipo de literatura de lirismo exacerbado y oratorio, de fe ciega en la inspiración, para la que estaba predispuesto, y de la que nunca hubieran resultado los libros de él que más amamos. Flaubert comienza a ser un gran creador cuando reacciona contra esa propensión lírica, sentimental y romántica que domina sus primeros escritos, y, para esa reacción, la sentencia de Maxime y Louis, en esa noche larga de Croisset, fue capital. El juicio de ambos amigos no sólo era bastante justo; fue, sobre todo, útil: ayudó a Flaubert a convertirse en otro escritor.

4. ¿De qué manera se operó la transformación literaria
de Flaubert que culminaría en *Madame Bovary*?

LA DECEPCIÓN fue muy dura y Flaubert tardó en recu-
perarse. El 5 de enero de 1850, desde El Cairo —Maxime y
Gustave emprendieron viaje a Oriente pocos días después de
la lectura—, una carta a su madre lo muestra lleno de dudas:
«*Saint Antoine* est-il bon ou mauvais? Voilà par exemple ce
que je me demande souvent. Lequel de moi ou des autres
s'est trompé». Se resiste a acatar el veredicto de sus amigos,
pero tampoco está seguro de sí mismo: «je suis plein de dou-
tes et d'irrésolutions». La herida no se cierra y es una fuente
de reflexión, o, como se diría hoy, de autocrítica. Poco antes de
cumplirse un año del episodio, desde Damasco, Gustave le
recuerda a Bouilhet lo terrible que fue para él lo sucedido: «Je
suis pourtant revenu (non sans mal) du coup affreux que m'a
porté *Saint Antoine*. Je ne me vante point de n'en être pas encore un peu étourdi, mais je n'en suis plus malade comme je
l'ai été pendant les quatre premiers mois de mon voyage. Je voyais tout à travers le voile d'ennuis dont cette déception m'a-
vait enveloppé, et je me répétais l'inepte parole que tu m'en-
voies: "A quoi bon?"» (carta del 4 de septiembre de 1850). Su
compañero de viaje le reprocha en sus memorias haberse mostrado abúlico y retraído mientras atravesaban Egipto, Líba-
no, Palestina, Turquía y Grecia, actitudes que Du Camp atribuye a falta de curiosidad y a nostalgia de la familia y de
Rouen, pero la razón secreta de ese desapego (relativo, por lo
demás, como se advierte en las *Notes de voyage*) era la amargura que Flaubert arrastraba debido al «coup affreux». Las alusiones futuras en la *Correspondance* revelan que, a la distancia,
toma con más serenidad el juicio de Bouilhet y Du Camp.
En octubre de 1851 —acaba de comenzar *Madame Bovary*—, sa-
ca la *Tentation* y vuelve a leer unos fragmentos a Bouilhet, quien

insiste en su opinión desfavorable: «L'objection de Bouilhet à la publication est que j'ai mis là tous mes défauts et quelques-unes de mes qualités» (carta a Du Camp, del 21 de octubre de 1851). Cuatro meses más tarde, Flaubert tiene ya conciencia clara de lo que vale la primera *Tentation;* medio año de trabajo en *Madame Bovary* ha servido para que condene la improvisación y defienda el «planeamiento» de una novela. Se lo dice a Louise, que ha leído el manuscrito de la *Tentation* y lo ha elogiado: «C'est une oeuvre manquée. Tu parles de perles. Mais les perles ne font pas le collier; c'est le fil. J'ai été moi-même dans *Saint Antoine* le saint Antoine et je l'ai oublié. C'est un personnage à faire ... *Tout dépend du plan. Saint Antoine* en manque...»* (carta del 1 de febrero de 1852). Interesa sobre todo la observación final: esa falla de *plan,* de estructuración, es algo que no ocurrirá en la novela que está escribiendo; al mismo tiempo tratará de no «olvidarse» a sí mismo en el personaje; procurará guardar una distancia entre él y su creatura a fin de componerla —describirla, moverla, hacerla sentir y pensar— mejor. En otras palabras, Flaubert va decidiendo un método para *Madame Bovary* en función negativa de la *Tentation;* a partir de las limitaciones de ésta inventa las virtudes de aquélla. Esto resulta clarísimo ocho días más tarde, en otra carta a Louise, en la que, pese a que todavía asegura, dolido, que Bouilhet y Du Camp juzgaron «légèrement» su *Saint Antoine,* añade: «Je suis dans un tout autre monde maintenant, celui de l'observation attentive des détails les plus plats. J'ai le regard penché sur les mousses de moisissure de l'âme. Il y a loin de là aux flamboiements mythologiques et théologiques de *Saint Antoine.* Et, de même que le sujet est différent, j'écris dans un tout autre procédé. Je veux qu'il n'y ait pas dans mon livre *un seul* mouvement, ni *une seule* réflexion de l'auteur» (carta del 8 de febrero de 1852). En cierto modo, la teoría de la impersonalidad —ésta es la primera vez que habla

---

* El subrayado es de Flaubert.

de ella— nace de un rechazo, de la voluntad de hacer algo distinto de esa primera *Tentation* en la que la intromisión desbordante de la subjetividad del narrador ha impedido a su héroe cobrar vida propia y a la obra existir soberanamente. Como se lo repite a Louise el 28 de marzo de ese año, la novela que escribe «sera diamétralement l'antipode de *Saint Antoine*, mais je crois que le style en sera d'un art plus profond».

Según Du Camp, Flaubert no sólo mantuvo en Oriente su propósito de escribir una novela de tema banal, inspirada en la «historia de Delamare» (Du Camp escribió, por error, Delaunay), sino que allí encontró nombre para su heroína. El hallazgo habría sobrevenido en la Nubia inferior, en lo alto del monte Abucir, mientras los dos expedicionarios contemplaban la segunda catarata del Nilo. Gustave, de pronto, dio un grito: «¡Eureka! ¡La llamaré Emma Bovary!». Y habría repetido el nombre varias veces, con fruición.

Ésta es la parte incierta del testimonio de Du Camp: nada confirma que la idea de *Madame Bovary* nació al día siguiente de la lectura de la primera *Tentation* ni que Flaubert pensara en escribir una novela sobre la «historia de Delamare» durante el viaje por Oriente. Sus cartas de esos dos años y las *Notes de voyage* no mencionan ese asunto. En cambio, aluden a otros proyectos, que Flaubert participa a Bouilhet. Así, por ejemplo, de Constantinopla le escribe el 14 de noviembre de 1850 que vacila entre tres temas, que, en el fondo, quizá sean uno solo: (1) *Une nuit de Don Juan*, cuya idea le vino mientras visitaba el lazareto de Rodas; (2) la historia de *Anubis*, la mujer que quiso ser amada por Dios (germen de *Salammbô*), y (3) una novela situada en Flandes, sobre una muchacha virgen y mística, que vive y muere en una pequeña ciudad de provincia, al fondo de un jardín sembrado de coles. Cinco semanas antes le hablaba con entusiasmo de llevar a la práctica, a su regreso, la vieja ocurrencia de un *Dictionnaire des idées reçues* (carta de Damasco, del 4 de septiembre de 1850). Y, según Maxime, en Turquía concibió la idea de un *roman comique* sobre el Oriente moderno, al escuchar las mil y una aventuras de los europeos que conoció en el viaje. De todos estos propósitos, el que parece asentarse más es el de don Juan, pues en Roma sigue pensando en él y le cuenta a Bouilhet que, incluso, ha hecho algunos bocetos (carta del 9 de abril de 1851).

Flaubert regresa a Francia a fines de junio o comienzos de julio de ese año, con inmensos deseos de escribir, pero aún no está decidido del todo a contar la «historia de Delamare», pues lo primero que hace, en Croisset, apenas deshechas las maletas, es corregir y poner en orden sus notas de viaje. Pero para entonces ya da vueltas a la idea de una novela sobre ese asunto. Lo prueba una carta, que recibe en ese mes de julio, de Maxime du Camp, preguntándole: «Qu'écris-tu? As-tu pris un parti? Est-ce toujours *Don Juan*? Est-ce l'histoire de Mme. Delamarre [*sic*] qui est bien belle, et comme la sais-tu?».* Esta carta, para algunos, denuncia la falsedad de lo que Maxime cuenta en sus memorias sobre el origen de *Madame Bovary*. Si al día siguiente de la lectura Bouilhet sugirió a Flaubert la «historia de Delamare», ¿por qué en 1851 le pregunta Maxime cómo había conocido esa misma historia? Pero la impugnación no es definitiva. A su regreso a Croisset, Flaubert pudo conocer nuevos detalles de la historia de los Delamare —existían: Eugène había muerto durante el viaje de Gustave— y tal vez la curiosidad de Maxime fuera sobre el origen de los nuevos datos. Él y Flaubert se habían separado en Roma, en abril, de modo que entre esa fecha y la carta de Du Camp, Gustave duda entre dos temas: don Juan y la historia de Delamare. Maxime vino a pasar unos días a Croisset, a fines de julio, y sin duda el asunto fue discutido por los amigos. Cuando Maxime retorna a París, Gustave ya ha elegido el nombre de su heroína y ésta ha descartado a don Juan, según lo indica otra carta de Du Camp, quien, en agosto, le re-

---

* Carta del 23 de julio de 1851, publicada por el *Bulletin des Amis de Flaubert*, n.º 14, 1959.

fiere desde París un drama personal y concluye así: «Podría darte, para tu Bovary, todo lo que me sucede; estoy seguro de que te servirá».* Aunque entonces ya está totalmente decidido, Flaubert sólo comienza la novela unas semanas más tarde. El día y la hora están fijados de su puño y letra en el manuscrito: 19 de septiembre de 1851, en la noche.

5. ¿Qué se puede concluir sobre el origen de *Madame Bovary*?

QUE LA novela tiene, como causa remota, la frustración que significó para Flaubert el veredicto de Bouilhet y Du Camp sobre la primera *Tentation de Saint Antoine*, opinión que, aunque le costó trabajo, llegó a aceptar parcialmente, y que lo llevó a elegir para su siguiente novela un tema y una forma distintos del libro condenado. No es imposible que Bouilhet le sugiriera en esa ocasión la «historia de Delamare», escándalo regional que, sin duda, se conocía en todo Rouen. Tal vez este consejo fuera sólo vagamente aceptado por Gustave, demasiado alicaído en esos momentos para manifestar el entusiasmo que le atribuye Du Camp. Luego, mientras viaja por Oriente y se repone del fracaso, Flaubert considera diversos proyectos, viejos, como el *Dictionnaire*, o nuevos, como don Juan, Anubis, la novela cómica y la historia flamenca, sin detenerse a pensar demasiado en las aventuras de Delphine Delamare, pero sin olvidarlas. Este asunto debió quedar adormecido y postergado pero vivo, pequeño demonio que se fue abriendo camino, a medida que se prolongaba el viaje, al compás de la añoranza que Gustave sentía de su hogar, del paisaje y las gentes de Normandía, que eran el escenario y los actores de la historia de Delamare. Al regresar a Rouen, el propio

---

* Carta del 3 de agosto de 1851, conservada en la colección Spoehlberch de Lovenjoul, y citada por Enid Starkie, en *Flaubert. The Making of the Master*, London, Weidenfeld and Nicolson, 1967, p. 188. (Retraduzco del inglés.)

Bouilhet o Madame Flaubert le contaron sin duda la muerte de Eugène, que ponía punto final al drama, y tal vez este detalle decidió la elección. Debió hacer averiguaciones, descubrir nuevos datos, mientras corregía las *Notes de voyage*, y comunicar todo esto a Maxime, y a eso alude la pregunta de su amigo en la carta del 23 de julio. La decisión de poner de lado a don Juan por Emma Bovary tuvo que ser de finales de julio, tal vez cuando Du Camp se hallaba con él en Croisset.

Mi suposición de que la idea de escribir una novela aprovechando la historia de Delamare se apoderó poco a poco de Gustave no se debe tanto al testimonio de Maxime du Camp como a que jamás, en toda su vida de escritor, eligió Flaubert un tema de manera brusca e intempestiva. Todas sus otras novelas resultaron de experiencias y propósitos largamente acariciados, meditados, reconsiderados, a veces escritos, abandonados mucho tiempo y reescritos con grandes modificaciones. Se trata de un creador en quien la gestación del tema es siempre lenta, una gradual contaminación, un progresivo obsesionamiento. Si esto pasa en los demás libros, en *Madame Bovary*, cuya materia constituía una mudanza tan grande respecto de la obra anterior, es muy improbable que la elección fuera cosa de pocos días o semanas. Es más verosímil que, como las otras, también esta novela fuera al principio una minúscula semilla que lentamente germinó, regada por la melancolía y por la difícil aceptación de una derrota, en el curso de esos veintitantos meses, mientras dándose esa «panzada de colores» en Oriente —como dice en sus cartas— contraía una sífilis, comenzaba a perder el pelo y se acercaba a los treinta años de edad.

6. ¿Qué tiempo le llevó escribir *Madame Bovary* y cuáles son las características del manuscrito?

COMENZÓ A escribirla en la noche del viernes 19 de septiembre de 1851 y la terminó el 30 de abril de 1856, según fechas autógrafas que figuran en los cartones que protegen el manuscrito, lo que da una duración de cuatro años, siete meses y once días. No cuento las correcciones y supresiones que hizo en todas las ediciones publicadas durante su vida, que en algún caso fueron muy importantes: así, la primera edición en un volumen hecha por Lévy, en 1862, contiene 208 cambios introducidos por Flaubert a la edición original, descubiertos y contados por Madame Claudine Gothot-Mersch.*

Todo el trabajo se conserva en la Biblioteca Municipal de Rouen: (1) 46 hojas grandes, de *Scénarios,* el *plan* de la obra: argumento, caracteres de los personajes, división en capítulos, etcétera; (2) 1.788 hojas de borradores, escritas por ambas caras y consteladas de anotaciones en los márgenes, de tachaduras y agregados, y (3) 487 hojas, que constituyen el manuscrito definitivo.

7. ¿Qué fuentes existen para seguir el trabajo de Flaubert en estos años?

LA PRIMORDIAL es la correspondencia con Louise Colet. Se habían conocido e iniciado sus amores en 1846, pero rompieron en 1848. Afortunadamente, se reconciliaron pocos días después del regreso de Oriente de Gustave, y en las cartas de éste a Louise —un mínimo de dos semanales, a menudo tres y hasta cuatro— se puede seguir casi día a día la hechura de la novela. Las de Louise a Gustave fueron quemadas por la sobrina Caroline por contener «demasiados horrores», con lo cual la nefasta pariente se ganó para siempre el odio de todos los adictos. Las cartas a Louise cesan en abril de 1854, por la disputa definitiva entre los amantes. Desde entonces, la fuente

---

* *Madame Bovary. Sommaire biographique, introduction, note bibliographique, relevé des variantes et notes par* Claudine Gothot-Mersch, París, Garnier, 1971, pp. 359-364.

principal son las cartas de Flaubert a Louis Bouilhet, quien residía en esa época en París. En esos cinco años Gustave también escribe de cuando en cuando a su amigo de infancia Ernest Chevalier, a Du Camp (con quien la amistad se había enfriado y de quien, a medida que el oportunismo literario de Maxime resulta más notorio, Flaubert se expresa con más sarcasmo en sus cartas a Louise), y, alguna vez, aunque a ellos sin mencionarles su trabajo, a Victor Hugo y a Maurice Schlésinger. Esta parte de la *Correspondance* —tres de los trece volúmenes de la edición Conard— tiene un interés comparable al de las mejores novelas de Flaubert. Son, de un lado, cartas de una extraordinaria riqueza literaria y anecdótica: escritas a vuela pluma, contienen las opiniones políticas, artísticas y sociales de Flaubert, sus juicios y prejuicios sobre la gente que iba conociendo o recordando, los altibajos emocionales que el trabajo le producía. De otro, y es lo más importante, desarrollan su teoría de la novela, que se fue estructurando en esos años en función del libro que nacía, como resultado paulatino de la praxis creativa.[*] Se trata de una historia mucho más fidedigna que la que podría constituir un «Diario de Madame Bovary», si Flaubert lo hubiera llevado, porque en estas cartas no existió la menor premeditación literaria, sino la espontaneidad y la libertad más totales. Flaubert no sólo ignoraba que esas cartas serían leídas por alguien más que su destinatario, sino, también, que en ellas hacía la historia de su novela y esbozaba la más revolucionaria teoría literaria de su siglo.

---

[*] Flaubert descubrió, hacia comienzos de 1854, la interacción de la teoría y la práctica de la literatura, es decir, que toda obra de creación contiene implícitamente, lo perciba o no su autor, una concepción general de la escritura y la estructura textuales y de las relaciones entre ficción y realidad. A los dos años y medio de estar trabajando en *Madame Bovary* escribió a Louise: «Chaque oeuvre à faire a sa poétique en soi, *qu'il faut trouver*» (el énfasis es suyo) (carta s. f., de enero de 1854, *Corresp.,* vol. IV, p. 23).

8. ¿Trabajó Flaubert esos cuatro años, siete meses y once días de manera continua o con interrupciones?

LAS INTERRUPCIONES fueron mínimas y yo calculo que, sumados, los días que dejó de trabajar no significan sino la décima parte del total. Así, en 1851, poco después de iniciado el libro, viajó por unos días a Londres, acompañando a su madre y a su sobrina, a una exposición internacional. Ese mismo año, entre noviembre y diciembre, estuvo tres semanas en París, donde fue testigo y casi víctima del golpe de Estado del 2 de diciembre por el que Louis Bonaparte se entronizó emperador. En verano de 1853 pasó con su familia un mes de vacaciones en Trouville, en el que no trabajó ya que, animal de costumbres, sólo podía escribir en su propia querencia. Las otras interrupciones son cortas. Sus relaciones con Louise no le quitaban mucho tiempo, pues él impuso un régimen sui géneris: cada tres meses, hacía un viaje a Mantes, donde ella venía a reunirse con él; pasaban juntos unas horas en el albergue o, a lo más, una noche. A veces, estos rápidos encuentros trimestrales tenían lugar en París; Flaubert no permanecía allí sino dos o tres días. No deja de ser notable que, pese a haber consentido años esta disciplina, los biógrafos acusen a Louise Colet de dominante y difícil; la verdad es que, *si eran amantes,* Louise fue una mujer bastante comprensiva para aceptar el sistema amoroso, casi exclusivamente epistolar, de Gustave. La critican también porque fue infiel; son más papistas que el Papa: en sus cartas se ve lo poco que preocupaba a Flaubert este problema, ya que, incluso, algunas veces aconsejó a Louise que se mostrara más complaciente con sus admiradores.

9. ¿Padeció Flaubert los ataques de su enfermedad nerviosa durante los años de *Madame Bovary*?

ALGUNAS VECES, el exceso de trabajo, la tremenda excitación en que lo sume un episodio, un problema de estilo, lo ponen en un estado de desequilibrio emocional, de ira frenética, y llega a rozar el colapso nervioso. Por ejemplo, el 23 de diciembre de 1853 trabaja doce horas seguidas —con una pausa de veinticinco minutos para comer algo— en el paseo de Emma y Rodolphe por el bosque, y, a eso de las seis de la tarde, está tan exaltado, leyendo en voz alta sus propias frases y sintiendo «si profondément ce que ma petite femme éprouvait», que al instante de escribir en el papel *attaque de nerfs* está a punto de sufrir uno. Con la cabeza aturdida, se pone de pie, va tambaleando hacia la ventana y permanece así, respirando la brisa del río, hasta que se calma. Queda con todo el cuerpo adolorido (carta a Louise, del 23 de diciembre de 1853). Pero estos estados de euforia son distintos de sus viejos ataques; aparentemente, no los sufrió en esos años. Las pocas veces que se refiere a su «enfermedad», habla como de algo pasado, lo que abona la tesis de quienes sostienen el carácter neurótico del mal, la naturaleza electiva de los ataques. La literatura fue, en todo caso, su mejor terapia. Es improbable que hubiera ocultado a Louise los ataques por pudor, pues en sus cartas a ella o a sus amigos habla con naturalidad de otras enfermedades que, a veces, dificultaban su trabajo. Además de gripes, resfríos, en agosto de 1854 tuvo un envenenamiento de mercurio (tomaba un remedio a base de esta droga como tratamiento para la sífilis). Durante cerca de tres semanas tuvo la lengua muy hinchada, tanto que no podía hablar y apenas comer. Fue tratado con hielo, lavativas y sanguijuelas.* También en esos años brotaron por primera vez en su piel los forúnculos —sin duda consecuencia del avance de la sífilis— que lo atormentarían tanto en el futuro.

---

* Documentos inéditos de la colección Spoehlberch de Lovenjoul, consultados por Benjamin F. Bart, *Flaubert*, Syracuse, N. Y., Syracuse University Press, 1967, pp. 249 y 758.

10. ¿Cuál era el método de trabajo de Flaubert?

EL 26 de diciembre de 1858, Flaubert le escribe a Mlle. Leroyer de Chantepie: «Un livre n'a jamais été pour moi qu'une *manière de vivre* dans un milieu quelconque. Voilà ce qui explique mes hésitations, mes angoisses et ma lenteur». La frase resume maravillosamente el método flaubertiano: esa lenta, escrupulosa, sistemática, obsesiva, terca, documentada, fría y ardiente construcción de una historia. Igual que su poética, Gustave descubrió (inventó) su sistema de trabajo mientras escribía *Madame Bovary;* aunque sus textos anteriores le habían exigido esfuerzo y disciplina —sobre todo la primera *Tentation*–, sólo a partir de esta novela quedaría perfectamente definida esa suma de rutinas, manías, preocupaciones y ocupaciones que le permitían el máximo rendimiento. *Una manera de vivir en un medio dado:* esa profunda compenetración con un «medio», para recrearlo verbalmente, es algo que Flaubert consigue mediante la entrega absoluta de su energía y de su tiempo, de su voluntad y de su inteligencia, a la tarea creativa. Unos meses después de la carta citada, usa la misma fórmula para explicar su trabajo a Mme. Jules Sandeau: «Un livre a toujours été pour moi une manière spéciale de vivre, un moyen de me mettre dans un certain milieu» (carta del 7 de agosto de 1859).

Se levanta a eso del mediodía y, luego de desayunar con su madre, o solo con su perro, y de leer la correspondencia (las cartas de Louise llegaban a diario), dedica una hora a dar clases de gramática, historia y geografía a su sobrina Caroline, cuya educación se había empeñado en vigilar personalmente. A las dos de la tarde se encierra en las habitaciones contiguas que son su dormitorio y su escritorio; éste tiene una terraza desde la cual se divisa el (en ese entonces) bello y tranquilo paisaje: las aguas del Sena, la tierra fértil, las suaves colinas con álamos. Permanece en el escritorio, donde, frente a la ventana, se halla su gran mesa redonda y una banca de roble.

Cubre la mesa un tul verde, para impedir que los criados Julie y Narcisse ordenen el riguroso desorden de fichas, cuadernos y papeles que lo atestan. Un mazo de plumas de oca irrumpe de un recipiente, junto al tintero, que es una rana de cristal. Hay estantes con libros, un diván cubierto por la piel de un oso blanco, y, aquí y allá, muchos de los objetos que trajo del Oriente: un narguile, muchas pipas, un cocodrilo embalsamado. En invierno mantiene encendida la chimenea y en verano trabaja con las ventanas abiertas, vestido casi siempre con una bata de seda blanca que le llega hasta los pies. Escribe hasta las siete u ocho de la noche, hora en que sale a cenar con su madre y luego hace un rato de sobremesa con ella. Regresa al escritorio, donde sigue absorbido en la novela hasta las dos o tres de la madrugada. A esa hora todavía tiene ánimos para escribir a Louise cartas extensas, en las que, algunas veces, se muestra exultante porque ha trabajado bien, y otras, la mayoría, loco de furor por haber pasado horas tratando de mejorar una sola frase.

Hasta octubre de 1853, este horario rígido cambiaba ligeramente los fines de semana, que Louis Bouilhet venía a pasar con él a Croisset. Los amigos permanecían encerrados todo el domingo en el escritorio, leyéndose y criticándose mutuamente —de manera implacable— el trabajo de la semana. Gustave tenía confianza total en la opinión de Bouilhet y solía acatar los consejos de éste, quien, a lo largo de la redacción de *Madame Bovary*, fue una segunda conciencia crítica para Flaubert. Pero Gustave y Louis dedican también muchos domingos a comentar con detalle —y a corregirlos, rehaciendo estrofas enteras— los poemas que les envía Louise Colet. Esa venida de Bouilhet, a quien Flaubert quiso siempre entrañablemente, era una de las pocas distracciones de su vida monacal, un asueto que esperaba con avidez durante la solitaria y extenuante semana. Cuando Bouilhet partió a París, en octubre de 1853, el domingo se convirtió en un día idéntico a los otros.

Hay épocas en que las dificultades y el sentimiento de impotencia que debe afrontar son tan grandes que se tiene la impresión de que va a perder el juicio. El período crítico son los cuatro meses de los comicios agrícolas, capítulo que en algunas partes —como el discurso del Conseiller— está rehecho siete veces. En este enclaustramiento hay días en que los personajes parecen materializarse e influir sobre él. Le ocurrió de manera espectacular cuando escribía la muerte de Emma, según le contó a Taine: «Mes personnages imaginaires *m'affectent*, me poursuivent, ou plutôt c'est moi qui suis en eux. Quand j'écrivais l'empoisonnement d'Emma Bovary, j'avais si bien le *goût d'arsenic dans la bouche*, j'étais si bien empoisonné moi-même que je me suis donné deux indigestions coup sur coup, deux indigestions très réelles car j'ai vomi tout mon dîner».*

Suele fumar muchas pipas al día, a veces hasta quince. Se ha comprobado que la luz de sus ventanas, eternamente encendidas, servía de faro a los pescadores de cangrejos de la región. Visita poco Rouen, salvo por cuestiones de trabajo. Así, va al Hôtel-Dieu, para que su hermano Achille lo asesore sobre la patología del pie deforme cuando está relatando la operación de Hippolyte, y hace otro viaje especial para documentarse en el hospital y en la biblioteca sobre envenenamientos con arsénico antes de narrar el suicidio de Emma.

11. ¿El prurito documental de Flaubert alcanza en esta novela los extremos que tuvo en *Salammbô, L'Éducation sentimentale* y *Bouvard et Pécuchet*?

No, LOS VIAJES, lecturas, consultas y verificaciones que hizo Flaubert para *Madame Bovary* no son tan importantes

---

* Carta s. f., probablemente de 1869, *Corresp.,* vol. V, p. 350. El subrayado es de Flaubert.

como los de sus obras posteriores, si se piensa por ejemplo en los mil quinientos libros que, se dice, leyó y anotó para *Bouvard et Pécuchet*. Pero también en la realización de este libro aparece ese aspecto fundamental del método flaubertiano: el saqueo consciente de la realidad real para la edificación de la realidad ficticia. Por ejemplo, para describir las lecturas infantiles de Emma, repasó los viejos libros de cuentos y de historia que él y sus hermanos habían leído de niños. Antes de iniciar los comicios agrícolas asistió, con papel y lápiz a la mano, a un evento de este tipo en el pueblo de Darnétal, y para la enfermedad del Ciego y el remedio que Homais le recomienda interrogó a Louis Bouilhet, que había sido estudiante de medicina, y le pidió que consultara a especialistas. Asimismo, a fin de ser «verídico» en lo relativo al estrangulamiento económico de Emma por Lheureux, fue a Rouen para que un abogado y un notario lo instruyeran sobre pagarés, embargos, remates y amortizaciones.* En cambio, entre la muchedumbre de exégetas que disputan hace un siglo sobre los modelos de Tostes y de Yonville —nombres ficticios—, nadie ha podido probar que Flaubert viajara especialmente a trazar sus planos a alguno de los pueblos que se arrogan el (dudoso) privilegio de ser los escenarios de la novela.

12. ¿Hizo algún deporte en estos cinco años?

DE MUCHACHO, había sido un excelente nadador, y éste es el único ejercicio que realizaba, a veces, los días de buen tiempo. Al atardecer, cuando decaía el calor, solía darse una zambullida y bracear en el Sena frente a su casa. En una época había practicado con entusiasmo la navegación a vela, pero la abandonó a instancias de su madre. La señora se lo pidió,

---

* Cartas del 31 de agosto y del 17 de septiembre de 1855.

sin duda, no por temor a un accidente, como dice él en una carta, sino a raíz de sus ataques nerviosos. Los médicos habían ordenado reposo absoluto.

13. ¿Y su vida sexual de 1851 a 1856?

CONSISTIÓ principalmente en los esporádicos encuentros con Louise, que en esos cinco años no debieron pasar de una veintena (en algunos, los amantes se limitaron a reñir). Está probado que en el verano de 1853 se acostó efímeramente con la ex mujer del escultor Pradier, Louise d'Arcet, con quien tenía relación amistosa desde años atrás. La primera tentativa amorosa con Louise d'Arcet, como le ocurrió con Louise Colet, fue un *fiasco*, pero luego se redimió e incluso se permitió ciertas inelegancias como aconsejar a Bouilhet que tratara a su vez de seducir a la ex Madame Pradier: le aseguraba que era en la cama más eficiente que la Musa.* Se dice también que en 1854, durante un viaje a París, llegó a tener relaciones con la actriz Beatrix Person, aunque no hay pruebas muy convincentes.** Sartre piensa que se masturbaba con frecuencia, pero esto sólo parece evidente, a juzgar por sus cartas, en la primera época de sus amores con Louise Colet (1846-1848), antes del viaje a Oriente. (En un cajón de su escritorio guardaba unas pantuflas, un pañuelo, un mechón de cabellos de Louise, así como una ramita verde que cayó en el sombrero de la Musa en la primera cita de Mantes, y mientras escribía la primera *Tentation* muchas noches interrumpió el trabajo para acariciar esos objetos en un estado de viva inflamación.) Pero en la segunda etapa de los amores, los años de *Madame Bovary*, no hay indicios de esas prácticas, y, en

---

* Documentos inéditos citados por Benjamin F. Bart, *op. cit.*, pp. 258-259.
** Maurice Nadeau, *Gustave Flaubert, escritor*, Barcelona, Editorial Lumen, 1971, p. 370.

cambio, sí los hay de que pasó períodos de total inapetencia, como esta confesión a Louise del amanecer del 13 de abril de 1854: «Tu me dis que les idées de volupté ne te tourmentent guère. J'ai la même confidence à te faire, car je t'avoue que je n'ai plus de sexe, Dieu merci. Je le retrouverai au besoin et c'est ce qu'il faut». Años más tarde, Flaubert llegó a la convicción de que una intensa actividad erótica era perjudicial a la creación literaria, y de que, por el contrario, una cierta contención beneficiaba al novelista. Le repitió esto muchas veces a su amigo Ernest Feydeau, caballero incontinente, a quien Gustave daba consejos de esta clase: «Mais prends garde d'abîmer ton intelligence dans le commerce des dames. Tu perdras ton génie au fond d'une matrice ... Réserve ton priapisme pour le style, foutre ton encrier, calme-toi sur la viande, et sois bien convaincu, comme dit Tissot (de Genève), (*Traité de l'onanisme*, page 72, voir la gravure), que: une once de sperme perdu fatigue plus que trois litres de sang» (carta s. f., de principios de febrero de 1859).

Sería un error entender estos consejos como una prédica puritana, Flaubert no encontraba incompatible goce sexual y creación literaria. Más bien, en su caso, ambas experiencias son en algunos momentos una sola; su inapetencia no significa que prescinda del sexo, sino que llega a sustituir provisionalmente a la mujer por la literatura como foco de deseo y fuente de placer. Escribir —entrega, en su caso, tan vehemente y total como la del coito— era para Flaubert una «orgía»: «Le seul moyen de supporter l'existence, c'est de s'étourdir dans la littérature comme dans une orgie perpétuelle» (carta a Mlle. Leroyer de Chantepie, del 4 de septiembre de 1858). Por eso no es extraño que hable de su trabajo con metáforas sexuales. Así explica, por ejemplo, que *Salammbô* ha despegado: «Enfin l'érection est arrivée, monsieur, à force de me fouetter et de me manustirper. Esperons qu'il y aura fête» (carta a Ernest Feydeau, del 19 de diciembre de 1858).

14. ¿Qué autores leyó en esos años?

EL REVOLUCIONARIO de la forma, el fundador de la vanguardia narrativa de su tiempo, fue un lector desdeñoso de la actualidad y apasionado de los clásicos. Su máxima admiración, el autor sobre el que vuelve una y otra vez y que le arranca siempre trinos de alegría por la riqueza e «impersonalidad» de su mundo es Shakespeare: «L'ensemble de ses oeuvres me fait un effet de stupéfaction et d'exaltation comme l'idée du système sidéral. Je n'y vois qu'une immensité où mon regard se perd avec des éblouissements» (carta a Louise Colet, después de releer *King Lear,* del 30 de marzo de 1854). Entre los franceses el autor que más amó y releyó fue Montaigne: lo llama «mon père nourricier», lo cita de memoria, lo parafrasea en sus cartas. Los críticos dicen que le enseñó el escepticismo, pero yo pienso que, más bien, Montaigne civilizó un escepticismo en bruto que ya tenía. Inmediatamente después, su gran pasión es Rabelais, por su inventiva desbocada, su percepción de lo grotesco y su mundo de apetitos en libertad. Lee también, con altibajos de entusiasmo, a Racine, a Rousseau (a quien en estos años tolera pero luego detestará), a Boileau (por quien siente una atracción «formal»: años más tarde también renegará de él), a Buffon, a Ronsard, a Voltaire, a quien siempre apreció (había estudiado, con papel y lápiz, todo su teatro), a Goethe y Byron —amores de su adolescencia—, y, entre los modernos, a Victor Hugo, al que respetó toda su vida, a Balzac, de quien solía hablar sin gran estima porque su estilo (él creía que era falta de) lo irritaba, y a Leconte de Lisle, por el que tuvo discreta simpatía. Durante estos cinco años persevera en su afán de estudiar griego clásico para leer a Homero en el original (nunca llegó a conseguirlo) y de cuando en cuando se sumerge en un autor latino, como Plutarco (leía el latín con facilidad). Pero sus cuantiosas lecturas de griegos y latinos no son de esta época, sino de los períodos de *La Tentation de Saint Antoine, Salammbô* y *Hérodias.* En estos años también releyó el *Quijote,* otro clásico por el que sintió siempre devoción. Lo había leído antes del viaje a Oriente y el recuerdo permanecía muy vivo en él: lo menciona, a veces, asociado a un proyecto de viaje por España que nunca se concretó. Entre las cosas de actualidad que lee, figuran todos los números de *La Revue de Paris* (de la que era codirector Maxime du Camp) que, por lo general, lo ponen de malhumor. Y están, además de las lecturas de amistad (Louise Colet, Bouilhet, Maxime), las funcionales: libros de medicina, para ciertos episodios de la novela, y los manuales que utiliza en las clases a Caroline.

15. ¿Cómo escribió Flaubert *Madame Bovary*?
   ¿De qué etapas consta la elaboración de la novela?

FLAUBERT RESPONDIÓ a esta pregunta, de manera metafórica pero justísima, en una carta a Ernest Feydeau: «les livres ne se font pas comme les enfants, mais comme les pyramides, avec un dessin prémédité, et en apportant des grands blocs l'un par-dessus l'autre, à force de reins, de temps et de sueur».* El primer paso es el *dessin prémédité* o plan de la obra: trazar una sinopsis donde queden esbozadas las grandes líneas de la historia. La preocupación central de esta primera etapa es el argumento: los personajes, la trayectoria dramática, los incidentes anecdóticos principales. En estas semanas, la reflexión sobre la forma es nula, Flaubert está consagrado a resumir en cuadros, capítulos y dibujos el tema del libro, al mismo tiempo que dejándose impregnar por esta materia. Se lo explica a Louise: «Il faut bien ruminer son objectif avant de songer à la forme, car elle n'arrive bonne que si l'illusion du

---

* Carta s. f., de fines de noviembre o comienzos de diciembre de 1857, *Corresp.,* vol. IV, pp. 239-240.

sujet nous obsède» (carta del 29 de noviembre de 1853). Las 46 páginas de *Scénarios** permiten comprobar dos cosas: (1) este plan inicial es muy detallado y preciso, en él se pormenorizan aun los hechos más insignificantes, lo que indica que Flaubert quiere llevar la premeditación al extremo, eliminar todo espontaneísmo, y (2) el plan va siendo modificado a medida que avanza la redacción, no en sus líneas generales, sino en el contenido de los *tableaux,* esos bloques de los que habla su carta a Feydeau y que son las unidades temáticas del libro.

Una vez trazado el proyecto general de la obra y el plan riguroso del primer capítulo, comienza la redacción. Ahora sí, la preocupación formal lo domina y desespera: «On n'arrive au style qu'avec un labeur atroce, avec une opiniâtreté fanatique et dévouée» (carta a Louise, del 15 de agosto de 1846). Como en sus cartas sólo habla del «estilo», la mayoría de los críticos entiende que la obsesión formal de Flaubert tiene que ver exclusivamente con el lenguaje. En realidad, es tan acuciosa en lo que se refiere a la estructura —el orden del relato, la organización del tiempo, la gradación de los efectos, la ocultación o exhibición de los datos— como a la escritura. Su gran aporte a la novela es al mismo tiempo técnico, tiene tanto que ver con el uso de la palabra como con la distribución de los materiales narrativos. Espero mostrarlo al desmontar algunas de las piezas que componen y hacen funcionar la «máquina» (son sus palabras) de *Madame Bovary.*

Flaubert trabaja, es casi seguro, con dos páginas en blanco, una al lado de la otra. En la primera, escribe —con letra pareja y pequeña, dejando grandes márgenes— la primera versión del episodio, sin duda muy deprisa, desarrollando las ideas tal como brotan, sin preocuparse demasiado de la forma. Así, borronea algunas cuartillas. Entonces, retorna al prin-

---

* Los *Scénarios* han sido publicados por Gabrielle Leleu en *Madame Bovary, ébauches et fragments inédits,* 2 vols., París, Conard, 1936, y en la edición crítica de la misma Gabrielle Leleu y Jean Pommier publicada en París por Corti en 1949.

cipio y comienza la corrección meticulosa, lentísima, frase por frase, palabra por palabra. La página se va cubriendo de tachaduras, añadidos, repeticiones, capas superpuestas de palabras que llegan a hacerla incomprensible. Entonces, pasa en limpio esa misma página que hasta ahora no ha tocado. Avanza muy despacio y esta nueva versión es sometida a la prueba del *gueuloir*, que sería más justo llamar del oído. Su convicción es la siguiente: una frase está lograda cuando es musicalmente perfecta. «Plus une idée est belle, plus la phrase est sonore; soyez-en sûre. La précision de la pensée fait (et est elle-même) celle du mot» (carta a Mlle. Leroyer de Chantepie, del 12 de diciembre de 1857). Por eso cuando una frase le parece más o menos concluida la lee en voz alta, la interpreta, subiendo mucho el tono, paseando por la habitación y gesticulando como un actor. Si no *suena* bien, si no es melodiosa y envolvente, si sus virtualidades sonoras no constituyen en sí mismas un valor, no es correcta, las palabras no son las justas, la «idea» no ha sido cabalmente expresada. Así se van acumulando las hojas, por parejas: el *recto* de una es la versión primera del *verso* de la otra. Un buen día de trabajo puede significar media página definitiva; pero hay jornadas dedicadas a componer —es el verbo justo— una sola frase. Se trata de una auténtica guerra de cinco años, en los que poco a poco se multiplican sus enemigos, bestias negras que son materia de pesadillas y blanco de sus más biliosos ataques de ira: las consonancias y asonancias, las cacofonías, ciertas preposiciones que tienden a repetirse como *que*. Sus cartas emplean bellas imágenes para describir los incidentes de la larga contienda. Las «palabras» se materializan en esta declaración beligerante: «Il faut retourner tous les mots, sous tous leurs côtés, et faire comme les pères Spartiates, jeter impitoyablement au néant ceux qui ont les pieds boîteux ou la poitrine étroite» (carta a Louise, del 26 de marzo de 1854). Y en cuanto a la instancia superior de la palabra que es la «frase»: «Il faut que les phrases s'agitent dans un livre comme les feuilles dans une forêt,

85

toutes dissemblables en leur ressemblance» (carta a Louise, del 7 de abril de 1854). Cada *tableau* va surgiendo simultáneamente como una unidad narrativa y una unidad musical. Cuando un cuadro está acabado, sale a leerlo al aire libre, a la «alameda de la gritería», y por lo común, ese examen le revela desarmonías en el conjunto que una vez más lo obligan a rehacer lo escrito. Su preocupación devoradora por la musicalidad hace que, cuando aparecen los primeros capítulos en *La Revue de Paris* y Frédéric Baudry le pide que cambie el nombre de *Le Journal de Rouen* para evitar susceptibilidades (existía un diario llamado así) y le sugiere *Le Progressif de Rouen*, Flaubert se angustie porque el cambio va a perjudicar auditivamente el texto: «ça va casser le rythme de mes pauvres phrases! C'est grave» (carta a Bouilhet, del 5 de octubre de 1856). Pero encontró un sustituto del mismo número de sílabas e idéntica terminación: *Le Fanal de Rouen.*

No pasa a redactar el siguiente cuadro —a veces, como en la boda de Emma y Charles y en los comicios agrícolas, los cuadros abarcan un capítulo, pero, por lo general, éstos contienen varios episodios— hasta tener una versión satisfactoria del que está escribiendo. (Uso el término *tableau,* que él utilizaba, para destacar otro aspecto, tan importante como el musical, de la forma flaubertiana: el visual.) De este modo, la novela avanza lenta, pero cada parte elaborada es definitiva.

Al terminar cada cuadro, dedica uno o varios días a hacer un esquema desarrollado de los elementos que serán materia del siguiente. Por lo común esto significa añadir precisiones y anécdotas al asunto mencionado en el plan general, pero en algunos casos altera profundamente la idea primera. No comienza nunca un *tableau* sin haber hecho el diseño minucioso de su contenido, sin saber de antemano, con lujo de detalles, lo que va a contar. Llama a esto: «faire du plan». Cuando ha terminado una de las partes, da una lectura general, a fin de verificar el encadenamiento de los *tableaux,* y trabajar lo que él llama las «proporciones». Para que se vea hasta qué punto preocupa a Flaubert el argumento y cómo su conciencia formal es también de estructura, no sólo de estilo, véase su impresión a Bouilhet, después de releer los nueve primeros capítulos de *Madame Bovary:* «J'ai relu hier toute la première partie. Cela m'a paru maigre. Mais ça marche (?). Le pire de la chose est que les préparatifs psychologiques, pittoresques, grotesques, etc., qui précèdent, étant fort longs, *exigent,* je crois, un développement d'action qui soit en rapport avec eux. Il ne faut pas que le prologue emporte le récit (quelque déguisé et fondu que soit le récit), et j'aurai fort à faire pour établir une proportion à peu près égale entre les aventures et les pensées. En délayant tout le dramatique, je pense y arriver à peu près» (carta del 10 de diciembre de 1853). Es evidente que no desatiende en absoluto los efectos de lo que cuenta y esos efectos, a su juicio, dependen de la ordenación de los elementos que integran la historia.

Cuando tiene el manuscrito acabado, hace una lectura general, y, antes de enviárselo a Du Camp para *La Revue de Paris,* efectúa cambios que consisten sobre todo en supresiones: elimina unas treinta páginas y muchas frases sueltas. En la poda perecen «trois grandes tartines de Homais, un paysage en entier, les conversations des bourgeois dans le bal, un article de Homais, etc., etc., etc.» (carta a Bouilhet, del 1 de junio de 1856). En *La Revue de Paris* la novela aparece (dedicada a Louis Bouilhet) con numerosas mutilaciones, algunas de las cuales había aceptado Flaubert a regañadientes, otras impuestas *manu militari* por los directores. Gustave exige la publicación de una nota en la que se desolidariza del texto. La primera edición en libro (abril de 1857) restablece las partes suprimidas por *La Revue de Paris,* pero hay nuevos cambios de autor, lo que ocurrirá en todas las otras ediciones hechas en vida de Flaubert. Lo cual quiere decir que el perfeccionismo flaubertiano es, en cierto modo, una operación infinita. El sistema en que esta necesidad perfeccionista cuaja consiste simplemente en que un libro, en un momento dado, se publica, pero jamás se acaba. Nunca se terminaría de escribir sin la muerte del autor, ese accidente. Lo ocurrido con *Bouvard et Pécuchet* es simbólico. Si Flaubert hubiera muerto diez años más tarde es posible que la novela hubiera quedado también inconclusa: por sus características y por la naturaleza del método flaubertiano exigía para completarse poco menos que la inmortalidad del autor.

16. ¿Utilizó Flaubert elementos reales en *Madame Bovary*? ¿Fue consciente de ello?

EN UNA carta a su amiga Mme. Roger des Genettes, Flaubert le explicó algo que resulta evidente a quienes escriben novelas, pero que les cuesta más trabajo comprender a los otros: la intervención decisiva que tiene, en la elección del tema, el factor irracional, aquel dominio al que la voluntad y la conciencia no mandan, sino obedecen, y desde el que ciertas experiencias claves, almacenadas allí y, a menudo, olvidadas, operan secretamente sobre las acciones, pensamientos y sueños humanos, como su remota raíz, como su explicación profunda. A ello se refería Flaubert al afirmar que el escritor no elige libremente sus temas: «On n'est pas du tout libre d'écrire telle ou telle chose. On ne choisit pas son sujet. Voilà ce que le public et les critiques ne comprennent pas. Le secret des chefs-d'oeuvre est là, dans la concordance du sujet et du tempérament de l'auteur».* Ocho años después le dirá exactamente lo mismo a George Sand: «Quant à ma rage de travail, je la comparerai à une dartre. Je me gratte en criant. C'est à la fois un plaisir et un supplice. Et je ne fais rien de ce que je veux! Car on ne choisit pus ses sujets, ils s'imposent» (carta del 1 de enero de 1869). Esto significa que el novelista no crea a partir de la nada, sino en función de su experiencia,

---

* Carta s. f., probablemente de fines de 1861, *Corresp.*, vol. IV, p. 464.

que el punto de partida de la realidad ficticia es siempre la realidad real tal como la vive el escritor. Ciertos temas se le imponen, igual que el amor y el sufrimiento, los deseos y las pesadillas. Esto no quiere decir, naturalmente, que la «inspiración» baje hacia él como un efluvio celeste, sino, sencillamente, que tiene un pasado y un presente, una suma de experiencias, algunas de las cuales le sirven de materiales de trabajo. Ciertos asuntos tocan fibras profundas de su ser, excitan su sensibilidad, provocan en él la voluntad de crear, y otros, en cambio, lo dejan indiferente. ¿Por qué algunos sí y otros no? Porque aquellos temas que lo estimulan a nivel consciente preexisten, de modo embrionario y borroso, en su subjetividad. Lo fascinan porque dan forma, envoltura anecdótica, figura simbólica a experiencias que son el origen mismo de su vocación, decepciones radicales de la vida que han hecho brotar en él la necesidad de recrear la vida, experiencias que, al enemistarlo con la realidad, le despertaron esa vocación de crear realidades imaginarias. Resulta sintomático que el más racionalista y premeditado de los escritores, aquel que fiaba todo el proceso creador a la voluntad, señale la *concordancia entre tema y temperamento* como el secreto de la obra lograda. Lo cual significa, también, que la discordancia entre ambas cosas —el autor que, por ejemplo, se impone por razones morales o políticas un tema írrito a su temperamento— puede explicar en muchos casos el fracaso de una obra.

Si la elección del tema es en realidad una «aceptación», estos asuntos que van a servir a Flaubert de materiales de trabajo y que él ha «reconocido» ¿de dónde proceden, dónde se hallan? A su alrededor, en la vida de la que es parte. Su primera operación de novelista consiste en un pillaje sistemático de todo lo que está al alcance de su sensibilidad. Éste es el significado de la famosa frase que escribe a Louise poco antes de cumplir dos años de trabajo en *Madame Bovary:* «Tout ce qu'on invente est vrai, sois-en sûre. La poésie est une chose aussi précise que la géométrie. L'induction vaut la déduction, et puis, arrivé à un certain point, on ne se trompe plus quant à tout ce qui est de l'âme. Ma pauvre *Bovary*, sans doute, souffre et pleure dans vingt villages de France à la fois, à cette heure même» (carta del 14 de agosto de 1853). Y es también lo que quiere decir la otra célebre frase suya sobre este libro («Madame Bovary c'est moi»): que el novelista sólo inventa historias a partir de su historia personal.

El grado de conciencia que tiene el novelista de sus hurtos varía, claro está, y no es raro el caso del autor inconsciente del saqueo que sustenta su obra. En cambio, es difícil que un novelista llegue a tener conciencia cabal de todo lo que ha usado para crear, porque este pillaje no sólo es multitudinario sino también extremadamente complejo. Una novela no resulta de un tema sustraído a la vida, sino, siempre, de un conglomerado de experiencias, importantes, secundarias e ínfimas, que, ocurridas en distintas épocas y circunstancias, empozadas al fondo del subconsciente o frescas en la memoria, algunas personalmente vividas, otras simplemente oídas, otras más bien leídas, van de manera paulatina confluyendo hacia la imaginación del escritor, la que, como una poderosa mezcladora, las deshará y rehará en una sustancia nueva a la que las palabras y el orden dan otra existencia. De las ruinas y disolución de la realidad real surgirá entonces algo muy distinto, una respuesta y no una copia: la realidad ficticia.

Flaubert es uno de los escritores más lúcidos respecto a este proceso de conversión de lo real en ficticio. Desde muy joven sostuvo, con toda claridad, que su vocación no sólo le permitía considerar el mundo como una cantera, sino que se lo exigía. Tenía veintiún años cuando le dijo a su compañero Ernest Chevalier que para él las personas eran *nada más* que pretextos para libros y que esa curiosidad incidía por igual sobre lo «bueno» y lo «malo» pues la verdad estaba en *todo*. Vale la pena leer con cuidado esta cita juvenil; contiene tres elementos precoces de su teoría de la novela: (1) que el escritor se sirve sin escrúpulos de toda la realidad; (2) la ambición totalizadora y (3) la idea de que la novela debe mostrar, no juzgar: «Il faut s'habituer à ne voir dans les gens qui nous entourent que des livres. L'homme de sens les étudie, les compare et fait de tout cela une synthèse à son usage. Le monde n'est qu'un clavecin pour le véritable artiste; à lui d'en tirer des sons qui ravissent ou qui glacent d'effroi. La bonne et la mauvaise société doivent être étudiées. La vérité est dans tout. Comprenons chaque chose et n'en blâmons aucune» (carta del 23 de febrero de 1842). La convicción de que la realidad es sólo un material de trabajo se manifiesta, por supuesto, en esa manía de documentación llevada por Flaubert a extremos titánicos. Pero no son sólo los libros, periódicos y los especialistas que consulta las fuentes de su trabajo. Él convierte en literatura todo lo que le va ocurriendo, su vida entera es canibalizada por la novela. Cuando está empeñado en la redacción definitiva de *L'Éducation sentimentale,* le explica a su sobrina cómo, *según lo ha hecho siempre,* todo lo que ve y siente es aprovechado para la ficción: «Au milieu de tout cela je pense sans cesse à mon roman; je me suis même trouvé samedi dans une des situations de mon héros. Je rapporte à cette oeuvre (suivant mon habitude) tout ce que je vois et ressens» (carta s. f., de enero de 1864).

Tenemos pruebas de que puso en práctica estas ideas mientras escribía *Madame Bovary.* En junio de 1853 muere en Rouen la madre de un amigo, un médico apellidado Pouchet, y Gustave, que se dispone a ir al entierro, le escribe a Louise una carta apenada, que comienza con reflexiones sombrías sobre el dolor de su amigo. Y de pronto, sin transición, con naturalidad, añade que, *como hay que aprovecharse de todo,* espera que el ambiente del entierro y la aflicción de Pouchet le proporcionen elementos para la novela: «Comme il faut du reste *profiter de tout,* je suis sûr que ce sera demain d'un dramatique très sombre et que ce pauvre savant sera lamentable. Je trouverai là peut-être des choses pour ma *Bovary*».* No hay

---

* Carta del 6-7 de junio de 1853. El subrayado es de Flaubert.

cinismo en esto. Flaubert irá al entierro porque siente esa muerte y porque quiere hacer un gesto hacia su amigo. Al mismo tiempo, sabe algo irremediable: es posible que la ceremonia le sea útil. Una novela se hace mediante sustracciones de ese género. Si son inevitables, no hay por qué avergonzarse, es preferible asumirlas como un elemento necesario de la creación. Lo cual significa que en el escritor hay un desdoblamiento constante, que en él coexisten dos hombres: el que vive y el que mira al otro vivir, el que padece y el que observa ese padecimiento para usarlo. Esta duplicidad del novelista, este vivir y compartir la experiencia humana y al mismo tiempo ser un frío y codicioso explotador de la vida propia y ajena es algo de lo cual Flaubert tomó conciencia durante su viaje a Oriente. La condición del creador —hombre que participa sin participar, que está en la vida sin estar— le pareció una «monstruosidad». Sus reflexiones aparecen en una carta a su madre, escrita en Constantinopla: «Quand on veut, petit ou grand, se mêler des oeuvres du bon Dieu, il faut commencer, rien que sous le rapport de l'hygiène, par se mettre dans une position à n'en être pas la dupe. Tu peindras le vin, l'amour, les femmes, la gloire, à condition, mon bonhomme, que tu ne seras ni ivrogne, ni amant, ni mari, ni tourlourou. Mêlé à la vie, on la voit mal; on en souffre ou on en jouit trop. L'artiste, selon moi, est une monstruosité, quelque chose hors nature. Tous les malheurs dont la Providence l'accable lui viennent de l'entêtement qu'il a à nier cet axiome. Il en souffre et en fait souffrir» (15 de diciembre de 1850). El uso de fórmulas derivadas del romanticismo de su adolescencia —«monstruosidad» quiere decir menos terriblemente «marginalidad»— no impide que la visión de Flaubert sea certera. Él, a partir de esas fechas, asumió su vocación así: hizo de la vida una proveeduría literaria, y al dirigirse a escritores que respetaba no vaciló en recordarles que sus desgracias podían serles provechosas. (Para Flaubert, quien repitió toda su vida que escribía para *vengarse* de la realidad, eran sobre todo las experiencias negativas las literariamente estimulantes.) En octubre de 1859, sabe que la esposa de Ernest Feydeau está agonizando. Inmediatamente le pone unas líneas de anticipada condolencia a su amigo, en las que, también, lo alerta sobre la ocasión que tendrá de servirse de esa tragedia familiar: «Pauvre petite femme! C'est affreux! Tu as et tu vas avoir de *bons* tableaux et tu pourras faire de *bonnes* études! C'est chèrement les payer. Les bourgeois ne se doutent guère que nous leur servons notre coeur. La race des gladiateurs n'est pas morte, tout artiste en est un. Il amuse le public avec ses agonies».* La verdad es que, al escribir sobre ellas, las «agonías» se mitigan: la literatura las exorciza o vuelve soportables.

Esta vocación «monstruosa» por la cual un hombre llega a considerar la vida como un mero pretexto para la literatura otorga al escritor una libertad extraordinaria: puede usarlo todo para su trabajo. Pero se trata de un arma de doble filo: la vertiginosa abundancia podría también paralizarlo. Sin embargo, no todas las experiencias son incentivos; sólo aquellas que originaron y mantienen su vocación, y esto, en el caso de Flaubert, quiere decir la *misère humaine*. Ningún novelista vio tan claro como él —y en ninguno ha sido más cierto— que esta vocación, como los buitres, se alimenta preferentemente de carroña. Se lo dijo, sin rubor, a Louise Colet: «Quand on a son modèle net, devant les yeux, on écrit toujours bien, et où donc le vrai est-il plus clairement visible que dans ces belles expositions de la misère humaine? Elles ont quelque chose de si cru que cela donne à l'esprit des appétits de canibale. Il se précipite dessus pour les dévorer, se les assimiler. Avec quelles rêveries je suis resté souvent dans un lit de putain, regardant les éraillures de sa couche! / Comme j'ai bâti des drames féroces à la Morgue, où j'avais la rage d'aller autrefois, etc.! Je crois du reste qu'à cet endroit j'ai une faculté de perception

---

particulière; en fait de malsain, je m'y connais» (carta del 7-8 de julio de 1853). La carroña de la que habla con tanto entusiasmo aquí es de corte romántico negro: burdeles, hospitales, cadáveres. La que sirvió de materia prima a *Madame Bovary* es menos vistosa.

17. En el censo de elementos sustraídos a la realidad por *Madame Bovary,* ¿cuáles se han podido identificar?

UNA EXÉGESIS completa de los materiales reales usados por Flaubert no sólo es imposible; sería tan extensa que ocuparía a generaciones de sabuesos: cuando comienzan a rastrearse las fuentes de una ficción se descubre que cada fuente remite a otras y éstas a su vez a otras, de modo que la totalización entronca, tarde o temprano, con la historia entera de los hombres. Por otra parte, no tiene interés remontar hasta sus orígenes la genealogía real de la ficción, pues lo importante no es lo que el escritor usa, sino la forma en que lo usa y en qué lo convierte: sólo las dos últimas etapas conciernen a la literatura. Para percibir esta alquimia basta con los principales modelos.

El más importante de todos es la historia de Eugène y Delphine Delamare, que, como ha dicho Enid Starkie, es el grano de arena en el centro de la perla, el puñado de flores de papel que al ser sumergidas en el agua —la mente del genio— florecerían como los jardines de Babilonia.[*] Si caben dudas respecto al momento en que Flaubert decidió utilizar esta historia —al día siguiente de la lectura de la *Tentation* o a su regreso de Oriente—, no cabe ninguna, en cambio, sobre el hecho de que lo hizo: los grandes rasgos anecdóticos de la novela corresponden a los de ese suceso provinciano. Es difícil, sin embargo, conocer con precisión la historia Delamare, pues no está escrita en ninguna parte *antes* de la novela que la hizo fa-

---

[*] Enid Starkie, *op. cit,* p. 294.

mosa; luego, fue deformada para que se pareciera a la historia ficticia. Resumo lo comprobado. Eugène Delamare estudió medicina en Rouen, figuró entre los discípulos del padre de Flaubert en el Hôtel-Dieu, y, apenas recibido de «officier de Santé» —título inferior al de cirujano pero que daba derecho a ejercer la medicina—, se instaló en Ry, a unos veinte kilómetros de Rouen. Allí, en abril de 1836, se casó con una mujer mayor que él, apellidada Mutel, de la que quedó viudo al año siguiente. Veinte meses más tarde se casó con una muchacha de diecisiete años, Delphine Couturier, hija de granjeros acomodados. El matrimonio tuvo una niña. Delphine murió el 6 de marzo de 1848 (la partida de defunción no indica la causa de la muerte)* y recibió sepultura cristiana en el cementerio de Ry. Eugène murió en 1849. En estos hechos se reconocen los episodios centrales de la vida de Charles Bovary: también estudia medicina en Rouen y, una vez que obtiene el título, se instala en provincias donde se casa, primero, con una mujer mayor, de la que enviuda, y luego con Emma, quien asimismo le da una hija mujer y muere antes que él. Pero Flaubert no eligió este modelo por Charles, sino por Emma, como lo indica la carta de Du Camp del 23 de julio de 1853 en la que le pregunta si va a escribir «l'histoire de Mme. Delamarre [sic] qui est bien belle». Sobre esta historia lo único cierto es que se trataba de algo «escandaloso». En el mundillo de Ry y alrededores, Delphine dio mucho que hablar por sus travesuras amorosas y la gente aseguraba que se había suicidado. A principios de siglo, el doctor Brunon, director de la Escuela de Medicina de Rouen, localizó a una mujer que había sido sirvienta de los Delamare.** Según la anciana, Delphine escandalizaba a las gentes de Ry por sus aires de grandeza y por sus excesos suntuarios; las cortinas amarillas y negras de su salón, sobre todo, provocaban envi-

---

* Publicada en *La Normandie Médicale* del 15 de abril de 1910.
** *La Normandie Médicale*, 1 de diciembre de 1907.

dias. Como Emma, habría sido una voraz consumidora de las novelas que prestaban las bibliotecas de Rouen. En cuanto a sus amantes, René Dumesnil identifica a dos: el primero, un granjero poderoso, Louis Campion, a quien arruinaron el juego y las mujeres y que se mató de un balazo en una calle de París; el segundo, un pasante de notario, que murió hacia 1905 en el departamento de l'Oise.* Si estos datos son exactos (lo que no es seguro), Flaubert tomó de la historia Delamare, fuera de los modelos de Charles, Heloïse, Emma y Berthe, los de Rodolphe Boulanger y de Léon Dupuis. En todo caso, lo evidente es que la historia de Delphine que corría en las voces de la chismografía local le proporcionó el esqueleto de la novela, aquel núcleo anecdótico que resume en el primer *Scénario* y al cual se va a ajustar, aunque en lo demás haga cambios: la historia de una muchacha que se casa con un pobre diablo mayor que ella y que, en el pueblo donde vive, sueña con amores, lujo, viajes, tiene dos amantes, se endeuda, y, cuando se queda sin amor y arruinada, se suicida. Su marido, desconsolado, muere poco después.

Pero si la historia Delamare da a Gustave el esquema de la vida de Emma, otro drama femenino, en el que se mezclan la disipación y los problemas económicos, le sirve para espesar la materia de su novela. Y sobre esta fuente sí existe una certeza, pues se halla escrita: se trata de las *Mémoires de Madame Ludovica.* Las descubrió en 1947 Gabrielle Leleu, entre las carpetas y papeles que utilizó Flaubert para *Bouvard et Pécuchet.*** Son cuarenta páginas manuscritas al derecho y al revés, con una sintaxis y ortografía primarias, cuya autora se presenta como esposa de un carpintero y persona próxima a Madame Ludovica. La identificación del personaje que se

---

* *Madame Bovary de Flaubert. Étude et analyse par* René Dumesnil, París, Éditions de la Pensée Moderne, 1968, p. 67.
** Gabrielle Leleu y Jean Pommier, «Du nouveau sur *Madame Bovary*», en *Revue d'Histoire Littéraire de la France,* 1947, julio-septiembre, pp. 211-226.

oculta tras el apodo de Ludovica no es difícil, pues la autora del manuscrito, que al comienzo sólo pone una P. para el apellido, olvida luego esa precaución y lo escribe completo: Pradier. Se trata de Louise d'Arcet, hermana de un compañero de colegio de Flaubert e hija de un químico destacado, amigo del doctor Flaubert. Louise d'Arcet, luego de enviudar muy joven de un primer matrimonio, casó con el escultor James Pradier. Fue una mujer extravagante y fácil; tuvo multitud de amantes y llevó a la ruina a su marido, quien obtuvo de ella la separación legal en 1845. Las *Mémoires de Madame Ludovica* narran —el verbo es generoso para la mala intención y la torpe prosa, convendría decir denuncian— la truculenta historia de Louise d'Arcet desde su primer matrimonio hasta su divorcio de Pradier, insistiendo en sus locos amoríos y en sus trampas y apuros de dinero. Varios críticos suponen que el texto fue dictado por Louise d'Arcet a alguna sirvienta, lo que no tiene sentido; basta leerlo para descubrir que su autora está llena de rencor y envidia hacia Louise, a quien retrata desde el ángulo más negativo. Es absurdo que la propia Louise d'Arcet hiciera llegar ese texto a Flaubert; lo más seguro es que ni supiera que había sido escrito.

18. ¿Por qué se escribió entonces y cómo fue a parar
     a manos de Flaubert?

SE PUEDE formular una hipótesis si se relaciona lo que sabemos, de un lado, del sistema de trabajo de Flaubert y, del otro, de los vínculos que existieron entre él y Ludovica (al parecer, era el nombre que le daban los amigos íntimos). Todos los datos de la correspondencia de Flaubert respecto a Louise d'Arcet son posteriores a la separación de ésta del escultor Pradier (1845). El primero es de abril de ese año. Flaubert, que viaja con su familia a Italia, se halla de paso por París, y el día 2 le escribe a Le Poittevin que ha visitado a Louise Pradier, en su modestísimo departamento de Rue Laffite. La ex mujer del escultor atraviesa un momento crítico; separada de su esposo, le han quitado los hijos, vive en la miseria y acaba de descubrir que los padres de su amante —un adolescente— la hacen seguir por la policía. Gustave cuenta a Alfred que, adoptando aires mundanos, se declaró defensor del adulterio y que asombró con su indulgencia a esa «femme perdue». La situación de Ludovica ha generado una curiosidad literaria en Flaubert, a juzgar por esta frase (la misma que utiliza en otras cartas para designar experiencias que le parecen utilizables): «Ah! la belle étude que j'ai faite là!» (*Corresp.*, vol. I, p. 162). Flaubert le cuenta a Le Poittevin también que Louise d'Arcet lo ha invitado a almorzar a su vuelta de Italia. En su respuesta, Alfred lo incita a aceptar ese almuerzo, y, luego de preguntarle si tiene en mente algún proyecto literario, le sugiere someter a Ludovica a un interrogatorio.* No hay duda, Le Poittevin intuye algo que iba implícito en la carta de Flaubert: la historia de la «femme perdue» puede ser un buen tema. Esto ocurría cuando Flaubert tenía veinticuatro años, seis antes de que comenzara *Madame Bovary*, y no sabemos si se celebró ese almuerzo a su regreso de Italia ni si llevó a cabo por esa época dicho interrogatorio. Pero que siguió viendo a Ludovica es cosa cierta, pues en febrero de 1847, a los seis meses de ser amante de Louise Colet, ésta le hace una violenta escena de celos en casa de Du Camp porque Flaubert ha visto a Louise d'Arcet. La disputa se prolonga y hay una carta de Flaubert, censurada en la *Correspondance*, en la que niega tener por Ludovica otro interés que el literario. Le une a ella, dice, una vaga amistad y sólo quiere «analizarla», pues le parece el prototipo de la mujer de instintos, una orquesta de sentimientos femeninos.** Tiene un interés literario, es in-

---

* Alfred Le Poittevin, *Une promenade de Bélial et Oeuvres inédites, avec une Introduction et des notes par* René Descharmes, París, Les Presses Françaises, 1924, p. 190.
** Carta citada por Benjamin F. Bart, *op. cit.*, p. 156.

dudable, pero que además tiene intereses de otro orden empieza a ser notorio por esta época, pues hacia mediados de 1847, al regreso de un viaje a pie por Bretaña con Maxime, Flaubert averigua el paradero de Madame Pradier, a quien espera visitar en París. Du Camp le hace saber que está de mudanza y que no podrá verlo. En el período que media entre ese viaje a Bretaña y el viaje a Egipto —agosto de 1847 a octubre de 1849— se establece una relación íntima entre Maxime du Camp, Louise d'Arcet y Gustave, quien, en los cortos viajes a París, no sólo ve a Louise Colet sino también a Ludovica. Maxime sospecha que ésta se siente atraída por su amigo. Se lo dice el 25 de diciembre de 1848, en una carta en la cual le cuenta que una noche él y Louise d'Arcet han estado a punto de hacer el amor pero que resistieron la tentación, porque Ludovica temía que ello hiriese a Gustave.* Y Ludovica escribe a Gustave, bromeando, que irá a vivir a Rouen para estar cerca de él. En octubre de 1849, al emprender viaje a Oriente, Flaubert va a despedirse de ella. Hasta entonces sólo ha habido una amistad maliciosa. Benjamin F. Bart ha descubierto el período exacto en que Ludovica se entregó a Flaubert: en el verano de 1853.** La relación fue muy corta y existió precisamente mientras Flaubert escribía *Madame Bovary.* Luego, reinó entre ambos una cordialidad distante; hay una carta de Flaubert a Louise d'Arcet del 17 de febrero de 1857 anunciándole que el tribunal ha absuelto su novela, y, hacia fines de 1862, le envía uno de los primeros ejemplares de *Salammbô.*

¿Qué se desprende de estos datos? Que a partir de 1845, fecha en que se establece una relación desinhibida entre ambos, y, sobre todo, de 1853, en que son amantes, Flaubert podía conocer de boca de la propia Louise d'Arcet la historia de su vida. Sin embargo, pudo intuir que la vida de Ludovica

---

* Carta publicada por Jean Pommier y Claude Digeon en «Du nouveau sur Flaubert et son oeuvre», en *Mercure de France,* París, mayo de 1952.
** Benjamin F. Bart, *op. cit.,* pp. 258-259.

era más «literaria» de lo que ella le confesaba y, entonces, pedir a una sirvienta —a la persona que podía obtener sus confidencias— ese informe secreto. Que hizo este encargo a ocultas de Ludovica y que sin duda pagó dinero por él me parece lo más probable: Flaubert ya había dicho que consideraba a las personas sólo pretextos para libros, ¿qué tiene de raro que procediera en consecuencia? La duda que tengo es sobre la fecha de esta operación dolosa. Lo más posible es que fuera en la época de la carta a Le Poittevin (1845), pues las *Mémoires* terminan con la vida de Ludovica en 1844, cuando la abandona Pradier; Flaubert pensaría servirse de ellas para algún relato y luego olvidarlas hasta que empezó a escribir *Madame Bovary*. Pero también pudo encargarlo cuando ya había decidido escribir la historia de Emma.

Ésta es en síntesis la vida de Madame Ludovica. Se ha casado muy joven para librarse de la autoridad paterna y su primer matrimonio, un fracaso, termina con la muerte del marido. El escultor Pradier se enamora de la bella viuda, quien, creyéndose también enamorada, se casa con él. Todo va mal desde el principio; los tres hijos que tienen no resuelven nada. Ludovica se distrae con amantes innumerables, sucesivos o simultáneos, a la vez que lleva una vida dispendiosa, en la que echa por la ventana (cubre de regalos a sus amantes) el dinero que no tiene. Se va endeudando. Mediante engaños, consigue un poder notarial para disponer de los bienes de Pradier y entonces firma letras, hipotecas, y poco a poco llega a una situación crítica. Se ve amenazada por la justicia. Sus bienes son embargados y puestos a la venta para reembolsar a los acreedores. Desesperada, Ludovica recurre a sus ex amantes, a quienes envía una persona de confianza con cartas desgarradoras. Todos responden con negativas y ni siquiera dan pretextos verosímiles. El marido, un día, al volver a la casa, encuentra en la puerta cochera el aviso de la subasta. Sólo entonces descubre la catástrofe de que es víctima: queda estupefacto y medio enloquecido. Poco después, obtiene la separación legal de Ludovica.

Flaubert ha hecho cruces y subrayado en el manuscrito los hechos y situaciones que pasarían a conformar la peripecia de Emma Bovary. La historia de Ludovica es utilizada de manera casi literal en todo el drama financiero de Emma, quien, como aquélla, sentirá siempre la necesidad de casar el adulterio con el lujo y el derroche, se procurará dinero recurriendo a usureros, no vacilará en robar a su marido y se verá con los muebles embargados por la justicia. Como el escultor Pradier, Charles Bovary descubre un día, al regresar a su casa, que es un hombre arruinado y desprestigiado por las locuras de su mujer. Gustave hizo una marca en el manuscrito de Madame Ludovica donde se habla de la mezquindad de los ex amantes («pas un de ces hommes ne mit même de politesse dans le refus qu'ils faisaient»). El episodio en la novela es básicamente el mismo, aunque ha sido dramatizado todavía más; en vez de enviar a la sirvienta, Emma irá en persona a suplicar a Léon y a Rodolphe que le echen una mano, para que la vileza de ambos y la humillación de ella resalten. Hay otros detalles que Flaubert aprovechó: el manuscrito habla de la «debilidad» de Ludovica, quien nunca pudo resistir las tentaciones masculinas, y es cierto que Emma opone poca resistencia a sus dos galanes. Los hombres que obtuvieron los favores de Ludovica son tachados de insignificantes; los que obtienen los de Emma también lo son; entre la galería de amantes de Ludovica figura un pasante de notario, como Léon Dupuis. Nadeau observa que Emma se abandona al ensueño al escuchar en el teatro al tenor Lagardy y que se entrega al día siguiente a Léon, tal como Ludovica se enamora del tenor Mocker y cede al día siguiente a un tal Charles Puis. [*] Ludovica no se suicida cuando no puede pagar sus deudas, pero piensa en arrojarse al Sena, y tiene un sueño sobre Italia que se asemeja a las fantasías exóticas de Emma.

---

[*] Maurice Nadeau, *op. cit,* p. 160.

Las historias de Delphine y de Ludovica se atrajeron y se mezclaron porque tenían un elemento afín: la derrota de una mujer a quien el deseo de vivir por encima de los condicionamientos que su situación le impone lleva primero al adulterio y luego al desastre. Este tema era un viejo demonio que hostigaba a Flaubert desde la adolescencia. Lo había encontrado por primera vez en la vida real el 4 de octubre de 1837, gracias a un artículo de *La Gazette des Tribunaux*, titulado «La moderne Brinvilliers» (o lo leyó quizás al día siguiente en *Le Journal de Rouen*), sobre una adúltera que se acababa de suicidar. La historia era folletinesca. La heroína, una mujer casada, se había prendado de un joven que la hizo su amante. Tiempo después, para librarse de una situación que resultaba incómoda, éste huye al Brasil. Desde allí escribe a la mujer pidiéndole perdón y tratando de convencerla de que no podía haber hecho otra cosa, pues su amor hubiera sido motivo de remordimientos e infelicidad. La mujer decide ser libre para casarse con su amante y emplea métodos expeditivos. Envenena a su marido sin que nadie lo descubra, pero cuando mueren también sus hijos las autoridades entran en sospechas y la mandan detener. Al llegar a su casa, la policía la encuentra sin vida, con un frasco de ácido prúsico en la mano. Este suceso impresionó tanto a Gustave, que escribió un «Conte philosophique» basado en él; lo terminó el 10 de diciembre de 1837, poco antes de cumplir dieciséis años, y lo llamó *Passion et vertu*. Es la mejor ficción de su adolescencia y algo así como el primer borrador de *Madame Bovary*. Cuando se enclaustró en Croisset para su larga aventura novelesca, tal vez no recordaba ese artículo leído catorce años atrás ni el cuento que escribió. Pero la tragedia de la suicida —consciente o inconscientemente— prestaría también su ayuda a la lenta elaboración en que se halla, recogiendo aquí y allá hechos, nombres, situaciones, para fraguar la materia de la que saldría Emma Bovary. De la vida de la envenenadora, Flaubert traslada a la novela episodios claves: Emma es, igual que aquélla, abandonada por un amante que en vez de romper personalmente se vale de una carta; para ambas, el fin es el suicidio por medio del veneno. Emma ha usurpado también a la infeliz su carácter fuerte, su audacia, la capacidad de emprender acciones temerarias. En *Passion et vertu* Flaubert modificó la historia real y las alteraciones se repetirían en la historia de Emma. *La Gazette des Tribunaux* presentaba al amante como a un hombre sensato y a ella como la culpable del drama; en el cuento y en la novela se invierten los papeles y, en tanto que el amante es mostrado como un hombre despreciable (Ernest Vaumont tiene la suficiencia de Rodolphe Boulanger, su espíritu seco y calculador), las motivaciones psicológicas de la mujer atenúan sus faltas y le dan cierta estatura moral. En la realidad había una carta; en el cuento dos: la segunda la recibe Mazza cuando está a punto de huir con su amante, exactamente como le ocurre a Emma cuando se alista para fugarse con Rodolphe. La carta, en ambos casos —Mazza en lo alto del acantilado, Emma en el desván de su casa—, provoca una crisis: aquélla se mata y ésta tiene en esa ocasión por primera vez la idea del suicidio. Como Emma, Mazza es un ser soñador y ávido de pasión, y hay en el cuento —Mazza tendida en su lecho dejándose voluptuosamente llevar por el ensueño; Mazza llena de odio cada tarde cuando su esposo vuelve al hogar, la besa y le cuenta su jornada de trabajo— lo que parecen versiones primitivas de momentos de la vida de Emma.

Delphine Delamare, Ludovica, la envenenadora (tres personajes reales) y Mazza (uno ficticio): esponja en movimiento que absorbe de todos los planos de lo real, Flaubert roba a los demás y se roba a sí mismo, se documenta sobre asuntos que le resultan sugestivos y al mismo tiempo su memoria retrotrae imágenes sumergidas que proceden tanto de la vida como de los cambios que su imaginación juvenil infligió ya entonces, obedeciendo a pulsiones íntimas, a esos precoces saqueos literarios. Hurtos de hurtos, cambios de cambios, mezclas de mezclas, donde la voluntad y el subconsciente operan de consuno, donde observación y deformación de lo real son simultáneas: así va surgiendo, de esas complicadas alianzas y reducciones imposibles de reconstruir en su totalidad, hecho de retazos, calcos, parchaduras, lecturas, chismes, combinaciones —toda esa fábrica bajo la batuta de una herida que quiere cerrarse, de un disgusto de la realidad tan insensato que busca destruirla para reconstruirla, que aparenta recrearla cuando en el fondo quiere abolirla—, el argumento de *Madame Bovary.*

Pero hay otra envenenadora —crimen de moda durante el siglo XIX, una de las restauraciones medievales que el romanticismo llevó a cabo— que también pudo ser atracada por Flaubert. Éste, en marzo de 1852, cuando se halla metido hasta el pescuezo (la metáfora es suya) en los *rêves de jeune fille* de Emma, recibe una carta de Louise aconsejándole leer las memorias de la viuda Lafarge, encarcelada por haber envenenado a su marido, hombre brutal que la tenía secuestrada en una aldea perdida. «Je suis presque fâché que tu m'aies conseillé de lire les mémoires de Mme. Lafarge, car je vais probablement suivre ton avis et j'ai peur d'être entraîné plus loin que je ne veux», contesta Flaubert a Louise el 21 de marzo. Y una semana después, el 27, le vuelve a hablar del asunto: «Tu n'as pas besoin de m'envoyer les mémoires de Lafarge. Je les demanderai ici». Que leyó los gruesos volúmenes titulados *Les Mémoires de Marie Cappelle* (1842) parece cierto, aunque no hable más de ello en la *Correspondance,* porque hay afinidades entre la envenenadora y Emma, empezando por el carácter. Las *Mémoires* delatan a un ser profundamente inadaptado a la vida; su insatisfacción se nutre de ensueños y, al mismo tiempo, ha hecho de ella una mujer de acción. Es el caso de Emma. El escrutinio autoriza a la crítica a pensar que ciertas escenas de las *Mémoires* sirvieron al menos en parte de modelo a episodios de la novela: hay una boda campestre, un baile en el Palais Royal y un retrato de la muerte por envenenamiento del marido de Marie Cappelle que podrían haber

influido en la boda de Emma y Charles, el baile de la Vaubyessard y la agonía de Madame Bovary. Asimismo, una pre-
monición del futuro de su hija que tiene la viuda podría ser
el germen del fantaseo del oficial de sanidad imaginando a
Berthe que se transforma de bebe en niña, de niña en adolescente y de adolescente en mujer.

Otro suceso policíaco-judicial pudo suministrar ingredientes a la novela. Cuando Gustave tenía veinticuatro años,
Rouen había sido escenario de un ruidoso proceso —«l'affaire
Loursel»—, en el que se juzgó a un hombre acusado de haber
asesinado a su esposa y a una sirvienta para casarse con la
mujer que amaba: una tal Esther de Bovery. Ésta resultó la figura más llamativa del proceso. De temperamento apasionado y novelesco, escribía a Loursel audaces cartas de amor que
fueron esgrimidas contra él, pero el abogado defensor —nadie menos que Maître Sénard, el futuro valedor de *Madame
Bovary*— sostuvo que el fuego y los excesos de esas cartas eran
efecto de la literatura romántica en boga. Maître Sénard consiguió una sonada victoria: Loursel fue absuelto por falta de
pruebas. Se piensa que Flaubert conservó en la memoria el
apellido Bovery, el temperamento afiebrado de Esther, así como algunos detalles del drama expuestos en el juicio. Por
ejemplo, la muerte de la sirvienta referida ante el tribunal coin-
cide en varios aspectos con la de Emma: la joven fue atendi-
da por un oficial de sanidad tan inepto como Charles y como
el doctor Canivet, que, al igual que éstos, sólo recurrió a un
médico capaz cuando era tarde.[*]

Esther de Bovery es una de las raíces atribuidas al apellido del oficial de sanidad de Yonville. Hay muchas otras, y
resulta divertido revisar la constelación de teorías tejidas por
los exégetas sobre la procedencia real del apellido. Hay la teoría lingüística, según la cual Bovary es un nombre inventado

---

[*] Ha estudiado cuidadosamente esta posible fuente Jean Pommier, «L'Affaire
Loursel», en *Les Lettres Françaises,* París, 11 de abril de 1947.

a partir de las palabras latinas *bovarium, boarium,* relativas al buey: Flaubert habría querido insinuar en el patronímico las características densas, bovinas, inelegantes del espíritu de Charles. Hay la teoría familiar: los genealogistas han cazado, entre remotos antepasados maternos de Flaubert, a un gentilhombre llamado Anne de Boveri, de quien Gustave habría tomado el apellido. Hay la teoría regionalista: se ha averiguado que, en 1843, el director de orquesta del teatro de Rouen —donde Flaubert sitúa un episodio importante de la novela— se apellidaba Boveri. Hay la sofisticada teoría del híbrido: Flaubert conoció de niño a una Madame Bouvard, administradora de una tienda de tabaco en las vecindades de la catedral de Rouen, y habría cruzado su nombre con el del pueblo de Delphine Delamare (Bouvard + Ry = Bovary) para bautizar a sus héroes, antes de imponerlo al copista de la última novela. Hasta Flaubert propuso una teoría. El 20 de marzo de 1870 escribió a Madame Hortense Cornu que había inventado el nombre de Bovary «en dénaturant celui de Bouvaret», patrón de un hotel donde se hospedó en El Cairo, un antiguo actor que, según las *Notes de voyage,* tenía decorado el local con los grabados de Gavarni que publicaba la revista *Charivari* (eso llevó a René Dumesnil a asegurar que en uno de esos grabados de 1833 un escolar calza el gorro que fue modelo para la famosa descripción de la «étrange coiffure d'ordre composite» de Charles Bovary, hipótesis descabellada pero no imposible). La teoría de Flaubert no es más válida que las demás; respecto a sus fuentes un autor por lo común sabe menos que sus exégetas y no sería difícil complicarla con cualquiera de las otras, explicando que Flaubert creyó deformar el nombre de Bouvaret cuando lo que hacía era utilizar un estímulo consciente —Bouvaret— para rescatar del subconsciente el nombre de un antepasado, de una vendedora de tabaco, de un director de orquesta o una clase de latín de su niñez... Lo cierto es la importancia que Flaubert concedía a los nombres: tardaba en elegirlos, hacía averiguaciones para no herir susceptibilidades, pero una vez adoptada la decisión no volvía atrás. En los años de *L'Éducation sentimentale,* su amigo Louis Bonenfant descubrió en Nogent una familia Moreau y le sugirió cambiar el apellido de Frédéric. Flaubert se negó: «Un nom propre est une chose *capitale.* On ne peut plus changer un personnage de nom que de peau. C'est vouloir blanchir un nègre».* Y en los *Carnets,* donde se hallan sus proyectos literarios entre 1862 y 1874 (publicados en un excelente libro, donde la erudición congenia maravillosamente con la inteligencia, por Marie-Jeanne Durry),** se ve cómo a menudo, junto al personaje proyectado, Flaubert escribe el nombre y apellido del modelo vivo.

19. ¿En qué forma se proyectó la vida personal y familiar de Flaubert en *Madame Bovary*?

FLAUBERT NO se limitó a hurgar en vidas ajenas para su ficción; su propia experiencia se extiende como una mancha en la realidad ficticia, manifestándose en las situaciones y personajes más diversos y a veces de la manera más insospechada. Por lo menos dos de las mujeres que amó contribuyeron a la hechura de Emma. Madame Bovary tiene algo de la sensualidad de Eulalie Foucaud, la misteriosa amante del hotel de Marsella que enseñó a Flaubert la embriaguez del placer y lo excitante del amor prohibido cuando tenía dieciocho años. La falta de inhibiciones y la aptitud voluptuosa de Eulalie (por lo menos atribuidas a ella por Gustave en *Novembre*) forman parte de la personalidad de Madame Bovary. También es notoria la deuda de Emma con Louise Colet, la amante de los años de la redacción del libro, cuyo carácter un poco varo-

---

* Carta s. f., de fines de 1868, *Corresp.,* vol. V, p. 427. El subrayado es de Flaubert.
** Marie-Jeanne Durry, *Flaubert et ses projets inédits,* París, Librairie Nizet, 1950.

nil y tempestuoso, así como su disposición meridional hacia la truculencia y el gesto, constituyen rasgos saltantes de la heroína de Yonville. Hay, además, el aprovechamiento posible de experiencias más transitorias. Para los adulterios de Emma y la imagen de Charles pudieron servirle las aventuras de Madame Roger des Genettes, quien más tarde sería su amiga. Pero cuando está escribiendo *Madame Bovary,* habla pestes de ella a Louise y se apiada del marido engañado: «J'ai bien vu le père Roger passer dans la rue avec sa redingote et son chien. Pauvre bonhomme!... Comme il se doute peu! As-tu songé quelquefois à cette quantité de femmes qui ont des amants, à ces quantités d'hommes qui ont des maîtresses, à tous ces ménages sous les autres ménages? Que de mensonges cela suppose! Que de manoeuvres et de trahisons, et de larmes et d'angoisses!» (carta del 23 de diciembre de 1853). La figura del *père* Roger hace pensar en Charles. Thibaudet creía que el atroz aburrimiento de Emma en Tostes y en Yonville transubstancia el que sintió Gustave durante su viaje por Oriente y que le reprochó tanto Du Camp.[*] Cuando Flaubert llevaba quince meses trabajando en *Madame Bovary,* Louise le hizo saber que a lo mejor estaba encinta, debido al último encuentro en Mantes. Fue una falsa alarma, pero Flaubert pasó tres semanas de desesperación y escribió frases feroces contra la paternidad («L'idée de donner le jour à quelqu'un *me fait horreur.* Je me maudirais si j'étais père. Un fils de moi! Oh, non, non, non!»).[**] A imagen y semejanza de estos sentimientos, Emma siente entre indiferencia y franco disgusto por la maternidad.

El doctor Achille-Cléophas Flaubert, padre de Gustave, fue también útil a *Madame Bovary.* Pero esta huella no sirve tanto para aclarar el libro, como a la inversa: la novela resulta

---

[*] Albert Thibaudet, *op. cit.* pp. 63-65.
[**] Carta a Louise Colet, del 11 de diciembre de 1852. El subrayado es de Flaubert.

instructiva respecto a las relaciones de Gustave con el cirujano-jefe del Hôtel-Dieu. Los biógrafos, dando por descontado
que los hijos adoran a sus padres, han creído que Gustave, al
utilizar al doctor Achille-Cléophas como modelo del doctor
Larivière, rendía un nostálgico homenaje a su progenitor.
¿Acaso no dice la ficción que la llegada del ilustre facultativo
a Yonville causa más emoción entre los vecinos que la aparición de un dios? Leyeron con demasiada buena fe ese retrato
del doctor Larivière, que es de una ambivalencia maquiavéli-
ca (y una novela, cuando se compara con la realidad que la
nutre, no puede ser leída con buena fe sin equivocarse) y de
él se pueden sacar las conclusiones más opuestas. Como el
doctor Achille-Cléophas, Larivière es un científico eminen-
te, liberal y filósofo, amado por sus discípulos, que lo imitan
hasta en el vestir, hombre enamorado de su profesión y desdeñoso de honores, que anda por el mundo con la majestad
campechana que le da la conciencia de su talento, de su fortuna y de cuarenta años de existencia irreprochable. Es el
perfil positivo del retrato. Y éste es el otro. El sabio profesa
hacia su oficio un amor *fanatique,* y esas manos carnosas y bellas que no han llevado jamás guantes «comme pour être plus
promptes à plonger dans les misères» tienen también algo de
sádicas. Este liberal es hombre de cóleras que aterran a la
gente, y la indicación del narrador de que se lo hubiera tomado por un santo «si la finesse de son esprit ne l'eût fait craindre comme un démon», ¿no es una manera de llamarlo cruel?
Sartre tiene mucha razón cuando dice que esta frase, aplicada al doctor Larivière, arroja luz sobre los genuinos sentimientos de Gustave hacia su padre: «Son regard, plus tran-
chant que ses bistouris, vous descendait droit dans l'âme et
désarticulait tout mensonge à travers les allégations et les pu-
deurs». Ésa es la imagen secreta que tuvo Gustave de Achille-
Cléophas: un dios autoritario que leía su alma, una voluntad
ante la cual sólo podía rendirse. Por lo demás, ¿qué función
cumple en la historia de Emma el doctor Larivière, ese de-

chado de la ciencia médica? Es verdad que lo llaman tarde y pudiera ser cierto que cuando llega sus conocimientos le permiten, de un vistazo, advertir que la suerte de la pobre mujer está ya echada. Aun así, es extraño que ni siquiera examine a la víctima, que no haga la más mínima tentativa de luchar contra el veneno, que luego de esa rápida ojeada se vaya a comer con tanto apetito y se marche del pueblo tan campante. Aunque los personajes y el narrador aseguren que tiene gran talento, su actuación no da la menor prueba de ello y más bien el lector se queda con una sensación de mera apariencia, de falso prestigio, de frialdad, de escasa conciencia profesional. Al usar a su padre como modelo del doctor Larivière ¿Gustave le rendía un homenaje o se tomaba una venganza? Y donde hubiera podido dolerle más: su «ciencia». Porque hay otro hurto que consolida la hipótesis de este desquite (acaso inconsciente) de Flaubert con su progenitor. El doctor Achille-Cléophas trató una vez de curar el pie deforme de una niña apellidada Marlin teniéndola en cama varios meses, con el pie encerrado en una coraza de fierro. Su experimento fracasó. Ésta es, sin duda, la fuente de la grotesca operación del pie de Hippolyte que efectúa Charles Bovary, quien, luego de punzarlo, impone al infeliz un régimen idéntico (que termina en gangrena y amputación). Así, los méritos y deméritos de Achille-Cléophas alimentan cuando menos a dos médicos de la realidad ficticia: Larivière y Charles. El padre de Flaubert, llamado muchas veces en consulta por sus antiguos discípulos establecidos en aldeas normandas, solía llevar a Gustave, niño, en esos viajes profesionales. Esos recuerdos, que Gustave preservaba muy nítidos, son la base de los continuos recorridos del agente de sanidad por la campiña para atender a sus pacientes.

No sólo los buenos recuerdos que la nostalgia convierte en heridas abonan una ficción; son sobre todo las llagas que todavía supuran en el espíritu, los demonios que espolean y vivifican la imaginación de un escritor. ¿Es un complejo de

Edipo tortuosamente prolongado, como cree Sartre, la explicación de la difícil relación de Gustave con su padre y la causa remota de su enfermedad? El doctor Achille-Cléophas constituye hasta la crisis de Pont-l'Évêque el obstáculo más serio que encuentra para abrazar lo único que le interesa, la literatura, y el ejercicio de la cual concibe únicamente como entrega exclusiva. No cabe duda que es el padre quien aconseja (lo que, para un hijo dócil, no se diferencia de una orden) los estudios de Derecho. Esos dos años en la Sorbona (1842 y 1843) fueron para Gustave una experiencia muy dura, y sus cartas de esta época son el principal apoyo de la tesis según la cual para librarse de este destino de abogado «eligió» su enfermedad. Las pesadillas que le dieron los Códigos irritan todavía sus cartas a Ernest Chevalier: «Sacré nom de Dieu de merde de nom d'une pipe de vingt-cinq mille putains du tonnerre de Dieu, sacré nom ... que le diable étrangle la jurisprudence et ceux qui l'ont inventée! ... Axiome sur l'étude et le métier d'avocat; l'étude en est embêtante et le métier ignoble» (21 de mayo de 1842); «Le Droit me tue, m'abrutit, me disloque, il m'est impossible d'y travailler. Quand je suis resté trois heures le nez sur le Code, pendant lesquelles je n'y ai rien compris, il m'est impossible d'aller au delà: je me suiciderais...» (25 de junio de 1842); «Le Droit me met dans un état de castration morale étrange à concevoir» (1 de agosto de 1842). Se podrían añadir decenas de citas semejantes. Su obra estará llena de gentes que practiquen ese «oficio innoble», y ésa será su represalia por los dos años de calvario: abogados, notarios y jueces representarán siempre en la realidad ficticia lo sórdido, lo rutinario, lo vil. En *Madame Bovary* las gentes cuya actividad se vincula al Derecho son varias y es seguro que para modelar a Maître Guillaumin y a Léon Dupuis se sirvió a manos llenas de sus recuerdos de la Sorbona. En Léon, estudiante tímido y sentimental que termina convertido en un próspero y moralmente despreciable notario de Yvetot, Flaubert puso algo de sí y mucho de un amigo de infancia —precisamente el recipiendario de esas vociferaciones contra la abogacía—: Ernest Chevalier. Había sido un entusiasta de la literatura, un escolar que llevaba un puñal escondido en las ropas como los héroes de las novelas románticas, pero luego se convirtió en un modelo del burgués con éxito: hizo carrera en los tribunales como fiscal y fue incluso diputado. Léon Dupuis tiene algo de Flaubert no sólo por los años parisinos de estudiante de Leyes de éste, sino, también, porque en sus relaciones con Emma (en las cuales se adivina la reproducción de una situación edípica), manifiesta una constante sentimental de Flaubert: amar a mujeres mayores (sus tres amantes le llevaron varios años: Eulalie Foucaud, Elisa Schlésinger y Louise Colet).

Semanas antes de cumplir dos años en su novela, Flaubert pasó unas vacaciones en Trouville y se hospedó en casa de un farmacéutico. Por una descripción que hizo a Bouilhet del ambiente y las personas de ese hogar, se deduce que mucho de lo que vio y oyó allí inspira el medio en que se mueve y la propia figura de Homais: «Admire encore ici une de ces politesses de la Providence et qui y feraient croire. Chez qui suis-je logé? Chez un pharmacien! Mais de qui est-il l'élève? De Dupré! Il fait, comme lui, beaucoup d'eau de Seltz. "Je suis le seul à Trouville qui fasse de l'eau de Seltz!" En effet, dès huit heures du matin, je suis souvent réveillé par le bruit des bouchons qui partent inopinément. Pif! paf! La cuisine est en même temps le laboratoire. Un alambic monstrueux y courbe parmi les casseroles.

L'effrayante longueur de son cuivre qui fume

et souvent on ne peut mettre le pot au feu à cause des préparations pharmaceutiques. Pour aller dans la cour, il faut passer par-dessus des paniers pleins de bouteilles. Là crache une pompe qui vous mouille les jambes. Les deux garçons rincent des bocaux. Un perroquet répète du matin au soir: "As-tu bien déjeuné, Jacko?". Et enfin un môme de dix ans environ, le fils de la maison, l'espoir de la pharmacie, s'exerce à des tours de force en soulevant des poids avec ses dents» (carta del 23 de agosto de 1853). El lector de *Madame Bovary* reconoce en esta descripción la farmacia (que es también el hogar) de Homais: el ritmo industrioso, al que toda la familia contribuye, y, sobre todo, la confusión de lo hogareño y lo profesional. Al leer que en esa cocina de Trouville los remedios usurpan el sitio de las ollas, uno invenciblemente recuerda la imagen de la familia Homais preparando una mermelada en la farmacia, que sorprende Emma el día que le anuncian la muerte de su padre. El desorden, esa especie de regocijo inevitable, esos niños limpiando bocales que podrían ser Atala y Napoleón, y la mesocrática vanidad del boticario real («Je suis le seul à Trouville qui fasse de l'eau de Seltz» es algo que hubiera dicho Homais con las mismas palabras), así como ese «espoir de la pharmacie» que es una anticipación magnificada de Justin, indican que esas vacaciones fueron muy serviciales. En una temporada anterior pasada también en Trouville, Flaubert había tenido de vecino en un banquete a un curita que, de improviso, se puso a perorar muy excitado sobre la vida de champagne y actrices que llevaban los estudiantes en París. Ésta es la fuente, reconocida por Flaubert, de la idea mítica sobre la vida parisina de los universitarios que Homais hace pública cuando Léon deja Yonville, y en la que Gustave reunió, según dijo a Louise, «toutes les bêtises que l'on dit en province sur Paris» (carta del 14-15 de junio de 1853).

Pero cuando Flaubert estuvo alojado en la farmacia de Trouville, Homais ya existía en su mente con rasgos nítidos (la carta a Bouilhet alude a una coincidencia). El personaje venía de bastante atrás. ¿Quizá de su infancia, cuando Gustave y sus amigos del liceo de Rouen jugaban a encarnar rotativamente a ese fantoche al que habían bautizado el Garçon? Los Goncourt creían que el Garçon era el prototipo de Homais y, aunque muchos lo niegan (ningún personaje ha excitado tanto a los exégetas como el farmacéutico de Yonville: han rastreado toda Francia tras su modelo), yo pienso que no les falta razón.* El Garçon era un muñeco articulado cuyas carcajadas estridentes y enloquecidas hacían volar en pedazos la mesura, la razón y los buenos modales, e instalaban la farsa sangrienta, el disparate, el dislocamiento, la anarquía. Es evidente que este aspecto del Garçon no se refleja para nada en el farmacéutico del bonete griego, quien no abandona jamás el mundo de la formalidad y de las convenciones intelectuales, morales y sociales. Pero el Garçon era también un ventrílocuo ambulante de los tópicos y las modas. Por ejemplo, al pasar frente a la catedral de Rouen se asombraba de las bellezas *de las que había que asombrarse* y decía sobre el gótico *lo que había que decir.* Al mismo tiempo que feroz Mefistófeles que se materializaba para probar que la vida es grotesca y mentirosa, el Garçon era portavoz del *nivel retórico* de su tiempo: en él cuajaban los dichos, las frases hechas, las fórmulas que expresan el pensamiento institucionalizado e inerte de una sociedad. No hay duda que éste es, también, aspecto central de la formidable personalidad de Homais: almacenar y dar carta de ciudadanía satisfecha y pomposa al lugar común, ser un epifenómeno de lo estatuido. De otro lado, en sus años de escolar —los del Garçon—, Flaubert escribió una «fisiología» a la manera de Balzac, sobre un tipo social, el *Commis* (funcionario), y esta sátira de sus quince años es a Homais lo que la Mazza de *Passion et vertu* a Emma: el rudimento.**

---

* Se habrá notado que en lo relativo a los modelos sigo una política maximalista y liberal: todo me convence, salvo el exclusivismo. Mi supuesto es que nunca hay un modelo real sino siempre varios, y que la hibridación es un proceso tan complejo que jamás se puede resucitar del todo.

** *Une leçon d'histoire naturelle. Genre Commis* apareció en una revista escolar de Rouen, *Le Colibri,* el 30 de marzo de 1837. Entre paréntesis, los años escolares de Flaubert suministraron seguramente la materia inicial de la novela: Charles llegando al liceo después que sus compañeros y siendo víctima de sus burlas. Gustave también se incorporó tarde al colegio y fue objeto de hostilidad.

Los presuntos modelos de Homais son una muchedumbre. Durante un tiempo, se dio por descontado que era una versión caricatural del boticario de Ry en época de Delphine Delamare, un sujeto apellidado Jouanne, cuya farmacia, según Raoul Brunon, se parecía a la descrita por Flaubert. Esta tesis fue impugnada con el argumento de que Jouanne, a diferencia de Homais, había sido un clerical empecinado (como si Flaubert no hubiera podido robarle su farmacia, dejándole indemnes sus ideas). René Dumesnil, siguiendo esta pista, encontró en Forges-les-Eaux, donde Flaubert había pasado unos meses en 1848, un farmacéutico rabiosamente anticlerical que, en la revolución de 1848, «inmoló su platería en el altar de la Patria» y a quien Flaubert, atraído por lo pintoresco del personaje, fue a observar. Por su parte, Gérard Gailly produjo otro modelo, explorando más bien las huellas de la pomposidad estúpida. Demostró que en el pueblecito de Veules, Flaubert conoció a un farmacéutico que respondía al nombre programático de Esprit Bellemère, quien, siendo alcalde del lugar, recibió una vez a Victor Hugo con esta frase que, en efecto, no hubiera desentonado en boca de Homais: «Vous, Monsieur Victor Hugo, si digne de ce nom!». Se ha dicho también que el modelo fue literario. Enid Starkie piensa que Joseph Prudhome, el célebre personaje de Henri Monnier que durante medio siglo simbolizó la pedantería cómica y el lugar común, era el ascendiente de Homais.* Flaubert habla muchas veces de Joseph Prudhome, sobre todo cuando truena contra los burgueses, y no hay duda que existen similitudes entre el gárrulo de Yonville y el pretencioso parisino. Pero aunque la obra de teatro de Monnier *Grandeur et décadence de Joseph Prudhome* se estrenó en 1853 (Flaubert no la menciona en esos años), las *Mémoires de Joseph Prudhome* sólo

---

* Raoul Brunon, «À propos de Madame Bovary», en *La Normandie Médicale,* 1 de diciembre de 1907; René Dumesnil, *op. cit,* p. 68; Gérard Gailly, *À la recherche du pharmacien Homais,* 1939; Enid Starkie, *op. cit.,* p. 330.

aparecieron después que *Madame Bovary* (1857). Homais, como otros personajes, resulta de muchos injertos; Flaubert pudo tomar el tipo en las aldeas o encontrarlo en las calles de Rouen, excelentes proveedoras de materiales para su libro. En una carta a Bouilhet, Flaubert, que acaba de hacer un viaje de estudio a Rouen, le dice que, como la novela será una pintura de esa ciudad, es indispensable que los *cheminots,* panecillos en forma de turbante típicos de allí, entren en la realidad ficticia y que lo harán de la mano de Homais: serán su «única» debilidad humana (24 de mayo de 1855). Al final, tornarán a ser la de Madame Homais, a quien su marido va a comprar de cuando en cuando *cheminots.*

Los modelos de la antípoda y complemento de Homais, el abate Bournisien, son en cambio escasos. Se dijo que había sido calcado de un abate Lafortune, de Ry, pero la hipótesis quedó desbaratada cuando se demostró que no había habido ningún cura de este nombre en toda la diócesis. Lo comprobado es que el nombre de Bournisien, como el de otros personajes —el perceptor de impuestos Binet y el sepulturero Lestiboudois—, fueron elegidos con una intención de verismo: son típicamente normandos y populares. Igual que Homais y Emma, Bournisien anida en el espíritu de Flaubert mucho antes de que empezara a escribir la novela. Quizá inspirado por su precoz anticlericalismo —que no amenguó nunca y que explica su permanente admiración a Voltaire—, el tipo del cura ignaro y terrícola, negado a toda forma de espiritualidad, aparece en sus escritos adolescentes. En un relato de los dieciséis años, *Agonies, pensées sceptiques,* el narrador, un nihilista, acude en un momento de desesperación a un sacerdote en busca de consejo, pero el religioso está más interesado en las papas que hierven en la cocina contigua que en escucharlo. Este curita pedestre y la escena citada prefiguran obviamente al padre Bournisien cuando Emma tiene una crisis de religiosidad y él es incapaz de entender lo que ella le dice, porque transforma todo lo que oye en algo ramplón y porque está más atento a los chiquillos del catecismo que a su visitante.

A los quince años, Gustave asistió a un baile que dio un gran terrateniente, el marqués de Pomereu, en su castillo de Héron, y utilizó esta experiencia en un relato juvenil: *Quidquid voleris*. Guardaba una idea romántica de la fiesta y se acordó de ella durante el viaje por Oriente: «Je ne m'étais pas couché et le matin j'avais été me promener en barque sur l'étang, tout seul, dans mon habit de collège. Les cygnes me regardaient passer et les feuilles des arbustes retombaient dans l'eau» (carta a Louis Bouilhet, del 13 de marzo de 1850). Veintiséis meses más tarde, está sumergido en *Madame Bovary* y ha llegado al baile de la Vaubyessard: «Il faut que je mette mon héroïne dans un bal. Il y a si longtemps que je n'en ai vu que ça me demande de grands efforts d'imagination. Et puis c'est si commun, c'est tellement dit partout! Ce serait une merveille que d'éviter le vulgaire, et je veux l'éviter pourtant» (carta a Louise, del 2 de mayo de 1852). No hay duda que el ejemplo principal del baile que cambia la vida de Emma —al entrar en contacto con la opulencia queda *inquietada* para siempre— fue esa fiesta de adolescencia de la que Gustave recordaba un lánguido paseo en barca entre cisnes y hojas marchitas. Emma también, a la mañana siguiente del baile, da un paseo solitario, haciendo un examen de su vida, por los jardines de la Vaubyessard.

Como en este caso, es posible rastrear en la vida de Flaubert la semilla de otros episodios de la novela. Se asegura que Madame Flaubert arrullaba a Gustave en la cuna con la canción picaresca que tararea el Ciego cuando Emma está muriendo y, al mismo tiempo, está probado que Flaubert leyó esa canción en Restif de la Bretonne. Un investigador ha descubierto que la perrita faldera de Emma, Djali, tiene el mismo nombre que la cabra de la gitanilla Esmeralda de *Notre-Dame de Paris,* una novela que había hechizado a Flaubert y a sus compañeros de colegio.* El episodio del fiacre, en el que Emma se entrega a Léon, se basa posiblemente en la historia amorosa de Flaubert y de Louise Colet. Gustave contó a los Goncourt, en 1862, que la Musa había *comenzado* a entregarse a él una noche en que la conducía a su casa en un fiacre, y los memorialistas registraron la confesión con las palabras crudas de Flaubert: «La baisade fut ebauchée dans une reconduite en fiacre» (carta del 6 de diciembre de 1862). Pero se sabe igualmente que, mientras Flaubert escribía *Madame Bovary,* Louise estuvo a punto de ser violada en un carruaje por el rijoso y veterano Alfred de Musset: el asunto fue comentado por los amantes y tal vez aprovechado por Gustave al relatar el episodio. Pudo también servirle, para el mismo fin, una mediocre novela semierótica del caballero Andrea de Nerciat, militar y pornógrafo del siglo XVIII, que en *Félicia ou mes fredaines* (1775) dedica todo un capítulo a describir el amor de una pareja en un coche que atraviesa París.

Flaubert nació y vivió de niño y adolescente en un hospital; su padre y su hermano fueron médicos. En su memoria abundaban las imágenes de enfermos, de sufrimiento físico, de sangre y de muerte. Hay una célebre carta suya donde cuenta a Louise Colet que él y su hermana Caroline solían espiar, desde el jardín del Hôtel-Dieu, los cadáveres de la Morgue sobre los que zumbaban las moscas; a veces, el doctor Flaubert los sorprendía fisgoneando durante una disección y les ordenaba partir. Al aparecer *Madame Bovary,* Sainte-Beuve fue el primero en asociar el medio familiar de Flaubert con el estilo «científico» y la minucia descriptiva —las autopsias— del libro: «Fils et frère de médecins distingués, M. Gustave Flaubert tient la plume comme d'autres le scalpel. Anato-

---

* Véase René Descharmes y René Dumesnil, *Autour de Flaubert,* 1912, vol. I, p. 306, y René Dumesnil, *op. cit.,* pp. 63-80.

mistes et physiologistes, je vous retrouve partout!».* Es una observación inteligente —en una crónica mediocre— y toda la crítica la ha adoptado. No cabe duda, la atmósfera del Hôtel-Dieu, la familiaridad precoz con la ruina del cuerpo, contribuyeron a dar cierto semblante a la realidad ficticia. En ella la enfermedad y la medicina ocupan un lugar principalísimo: hay el pie deforme de Hippolyte, la operación, el tratamiento correctivo, la gangrena, la amputación; hay intervenciones menos audaces y más exitosas de Charles: la curación del *père* Rouault, su futuro suegro, y la sangría al labrador de Rodolphe; hay el Ciego purulento y los remedios que le sugiere Homais, quien, además de boticario, es médico a ocultas y se mueve entre recetas y males orgánicos; el envenenamiento de Emma es motivo de agitación científica —la llegada a Yonville de los doctores Canivet y Larivière— y de una descripción prolija de una agonía y una muerte. La enfermedad, las curaciones, las operaciones están siempre descritas con exactitud: ya vimos cómo, por lo menos en dos casos, Flaubert se asesoró con médicos para no errar. Pero no sólo a este nivel anecdótico influye el medio familiar en *Madame Bovary,* sino, también, como supone Sainte-Beuve, en la cosmovisión del autor y en su estilo. La objetividad que Flaubert ambicionaba, esa impersonalidad conseguida a partir de una cierta técnica, equivale a considerar la novela como un producto científico, el resultado de una operación combinatoria de ingredientes que, elegidos y dosificados según leyes precisas por la inteligencia del creador, alcanzan la vida propia de una verdad positiva. La supuesta frialdad flaubertiana para narrar las venturas y desventuras de los personajes era la actitud con que Achille-Cléophas examinaba, recetaba, amputaba, curaba o declaraba perdidos a sus pacientes. Pero, al mismo

---

* Artículo publicado en *Le Moniteur,* París, 4 de mayo de 1857, y reproducido en *Lundis,* t. XIII, pp. 346-363.

tiempo que las ideas y sugestiones recogidas en el medio familiar, figuran las que se abrían paso en un círculo más vasto, la revolución que en esos años se opera en la filosofía y la ciencia en Francia. Flaubert escribe *Madame Bovary* en la misma época en que Auguste Comte proclama que la actitud «científica» es la única válida para entender al hombre y al pensamiento, en libros convencidos de que la sociedad explica al individuo y no a la inversa, como creían los «metafísicos», y en que Claude Bernard inicia las conferencias e investigaciones que culminarían en el dogma de la experimentación como único camino para el descubrimiento de la verdad. La objetividad, el determinismo social, el rechazo de la metafísica y la intuición, la fe en la inteligencia y en el razonamiento —elementos que concurren, todos, a la elaboración de *Madame Bovary*— son nociones que bebe toda la generación de Flaubert, pues durante su juventud y primera madurez comienzan a imponerse en Francia.

Si los médicos y los enfermos de su niñez le sirvieron para su novela, ¿no es lógico suponer que su propia enfermedad repercutió también en *Madame Bovary*? Sartre cree que los trastornos físicos que acarrea a Emma su decepción amorosa de Rodolphe son una reproducción literal de la dolencia de Flaubert. Sartre sostiene que la «maladie de nerfs» fue una respuesta o solución psicosomática a las terribles crisis que desgraciaron la infancia y juventud de Gustave, y, luego de citar esta frase autobiográfica sobre los ataques: «La souffrance ne reste pas dans la boîte crânienne: elle se glisse dans les membres et, reprise en charge par le corps, devient convulsionnaire», hace esta sugestiva comparación: «Flaubert n'a cessé de considérer sa névrose comme le fait le plus hautement significatif de sa vie: cette "mort et transfiguration" loin d'y voir un accident, il ne la distingue pas de sa propre personne: c'est *lui*, en tant qu'il est devenu ce qu'il était; il n'a jamais pensé, comme le croit Dumesnil, qu'il s'adaptait ou qu'il s'adapterait à sa maladie mais, tout au contraire, que sa maladie était, par elle-même, adaptation: bref il la tenait pour une *réponse,* pour une *solution.* La preuve en est que sa Bovary, plus tard, fera explicitement une somatisation-réponse: abandonnée par Rodolphe, elle tombe dans la maladie, une terrible poussée de fièvre semble mettre ses jours en danger; et puis, au bout de quelques semaines, elle se trouve guérie de la fièvre et de l'amour tout à la fois. Ou si l'on préfère, l'amour *s'est fait* fièvre pour se liquider par ses désordres physiques».* De este modo, Sartre encuentra en *Madame Bovary* argumentos para su hipótesis de la neurosis elegida por Flaubert como solución a sus problemas. Su caso no es el único. Dos médicos, partidarios de la teoría de la epilepsia, aseguran que el tipo de alucinaciones que produce esta enfermedad ha marcado el estilo de *Madame Bovary.* Según los doctores Galeran y Alen, uno de los síntomas de la epilepsia que tiene su foco en el lóbulo temporooccipital son las visiones multicolores, y esto explica, a su juicio, la obsesión de Flaubert en la novela por los adjetivos que describen el color, por las imágenes visuales.** Es cierto que en *Madame Bovary* lo pictórico es tan importante como lo musical, pero lo que debilita esta afirmación es que muchos otros autores de la época romántica y postromántica tuvieron parecida proclividad hacia lo plástico —Gautier, Leconte de Lisle, Baudelaire— sin que en su caso pueda aducirse la epilepsia como razón. Pero no hay duda que los ataques nerviosos fueron canibalizados por la realidad ficticia. Es flagrante, por ejemplo, la semejanza de ciertas alucinaciones sufridas por él en sus crisis y una que padece Emma. El 7 de junio de 1844, Gustave le refiere a Ernest Chevalier los ataques de esos días: «Il ne se passe pas de jour sans que je ne voie, de temps à autre,

---

* Sartre, *op. cit.,* vol. II, pp. 1809-1810.
** Dr. Galeran, «Flaubert vu par les médecins d'aujourd'hui», en el número de *Europe* dedicado a Flaubert, París, septiembre-octubre-noviembre de 1969, pp. 108-109.

passer devant mes yeux comme des paquets de cheveux ou de feux du Bengale». Al salir del castillo de la Huchette, después de ser humillada, Emma, sola en la noche, tiene una alucinación en la que ve las mismas bolas de fuego: «Il lui sembla à coup que des globules couleur de feu éclataient dans l'air comme des balles fulminantes en s'aplatissant, et tournaient, pour aller se fondre sur la neige, entre les branches des arbres».

20. ¿Cuáles son las principales fuentes literarias
    de *Madame Bovary*?

SI LOS modelos vivos (ciertos o falsos) son incontables, ocurre algo semejante con los literarios. También en este orden sería quimérico pretender agotar las filiaciones probadas o probables. Me limitaré a señalar unos pocos ejemplos. Un paralelo en el que han insistido todos los comentaristas, de Thibaudet a Lukács, es el de Emma Bovary y el Quijote. El manchego fue un inadaptado a la vida por culpa de su imaginación y de ciertas lecturas, y, al igual que la muchacha normanda, su tragedia consistió en querer insertar sus sueños en la realidad. Las abundantes referencias a Cervantes en la *Correspondance* indican que la historia del Quijote deslumbró a Gustave niño, cuando se la contó el tío Mignon, y que todas las veces que la releyó de adulto le siguió haciendo el mismo efecto. Las afinidades entre ambas novelas no se limitan a la condición de los protagonistas (cuyo drama no consiste, como se ha dicho, en ser incapaces de percibir la realidad con exactitud, en confundir sus deseos con la vida objetiva, sino en intentar *realizar* estos deseos: en eso está su locura y su grandeza); en ambas obras hay la simbiosis admirable que Flaubert veía en el Quijote: «Ce qu'il y a de prodigieux dans Don Quichotte c'est l'absence d'art et cette perpétuelle fusion de l'illusion et de la realité qui en fait un livre si comique et si poétique».[*] En *Madame Bovary* se produce la misma mezcla de ilusión y realidad: es tan importante lo que ocurre objetivamente como lo que sólo pasa en la imaginación de Emma, igual que en la historia de Alonso Quijano.

Otro de los acercamientos obligatorios que hace la crítica al hablar de *Madame Bovary* es Balzac. Gustave tuvo sentimientos encontrados hacia el creador de *La Comédie Humaine*. Se enteró de su muerte durante el viaje a Oriente y el 14 de noviembre de 1850 le escribió unas frases sentidas a Louis Bouilhet: «Pourquoi la mort de Balzac m'a-t-elle vivement affecté? Quand meurt un homme que l'on admire on est toujours triste. On espérait le connaître plus tard et s'en faire aimer. Oui, c'était un homme fort et qui avait crânement compris son temps». Otras veces fue menos comprensivo y lo llamó un genio de segundo orden. Lo cierto es que, de un lado, admiraba la amplitud extraordinaria del mundo balzaciano, esa imaginación hirviente capaz de dar vida a muchedumbres y de hacer evolucionar con desenvoltura a los personajes de una a otra ficción; de otro, su perfeccionismo, su manía del detalle, su concepción «artiste» de la palabra, no perdonaba la facilidad con que Balzac escribía, y sus repeticiones, incorrecciones gramaticales, cacofonías, le hacían pensar que carecía de estilo (la verdad era que tenía un estilo distinto del suyo). Balzac es uno de los autores que lee en esos cinco años. Se refiere muchas veces a él. Una de esas alusiones resume su actitud ambivalente: «Quel homme eût été Balzac, s'il eût su écrire! Mais il ne lui a manqué que cela. Un artiste, après tout, n'aurait pas tant fait, n'aurait pas eu cette ampleur» (carta a Louise, del 17 de diciembre de 1852). Hay un fondo de verdad en esto. Si Balzac hubiese tenido la concepción flaubertiana del estilo jamás hubiera escrito todo lo que escribió. Pero también lo contrario es cierto: con las concepciones estilísticas

---

[*] Carta a Louise Colet, del 22 de noviembre de 1852.

y estructurales de la novela de Balzac, *Madame Bovary* no hubiera nacido. Por eso, los paralelismos que se pueden establecer son sobre todo de carácter temático. Jean Pommier, por ejemplo, ha probado que una «novela de provincias» de Balzac, *La Muse du département,* desarrolla el tema de la malcasada de manera similar a *Madame Bovary:* como Emma, la heroína de Balzac se aburre mortalmente en un pueblo perdido y sueña con una vida superior, pero, a diferencia de Madame Bovary, consigue abandonar la provincia e instalarse en París con su amante.* Más interesante es una relación que ha descubierto Claudine Gothot-Mersch, para quien las distintas fases de la vida matrimonial de Emma y Charles se ajustan fielmente a la descripción que hace Balzac, en la *Physiologie du mariage* (libro que Flaubert elogió en 1839), de las etapas sucesivas del fracaso matrimonial.** Pero las diferencias prevalecen, y lejos, sobre las semejanzas. Ernst Robert Curtius vio muy claro lo que separa a ambos narradores:*** el optimismo de Balzac y el pesimismo de Flaubert, que permean a sus respectivos mundos novelescos. En el primero, el hombre logra todavía que su imaginación se haga realidad y renueve la vida. En el segundo, la imaginación es un crimen que la realidad castiga haciendo añicos a quienes intentan vivirla. Dice Curtius: «En Flaubert entran en conflicto el deseo de vivir y la actualización del vivir, y el conflicto termina en una escisión incurable. En Balzac encontramos todo lo contrario: una ilimitada fantasía que consigue penetrar la realidad entera y asimilársela». Es verdad también que Balzac encuentra la vida lógica y Flaubert absurda, pero, a diferencia de Curtius —liberal optimista, no puede ocultar la antipatía que le inspi-

---

* Jean Pommier, «*La Muse du département* et le thème de la femme mal mariée chez Balzac, Mérimée et Flaubert», en *L'Année Balzacienne 1961,* París, Garnier pp. 191-221.

** Claudine Gothot-Mersch *op. cit.,* pp. XII-XIII.

*** En un ensayo de 1950, «Reencuentro con Balzac», incluido en *Ensayos críticos sobre la literatura europea,* Barcelona, Seix Barral, 1972, pp. 209-232.

ra ese aguafiestas que es Flaubert—, no pienso que esto dé mayor vigencia contemporánea al primero. Curtius cierra así su comparación: «Balzac siente un ardiente interés por la vida y nos contagia su fuego; Flaubert, su náusea». Así es, y ésa es precisamente la razón por la que Flaubert es el primer novelista moderno.

Como, muy pronto, los críticos descubrieron que *Madame Bovary* era la novela del «romanticismo desengañado», se apresuraron a buscar sus fuentes románticas. Casi todos han destacado a Chateaubriand. Dumesnil escucha un eco nítido de *Atala* en las descripciones de paisaje de *Madame Bovary,* pero esta analogía me parece más bien un antagonismo.[*] El paisaje romántico es una proyección del sentimiento y la emoción del personaje, una realidad totalmente subjetivizada y esto en Chateaubriand más que en ningún otro. En Flaubert ocurre al revés y eso fue una de las grandes novedades de *Madame Bovary:* en ella el orden natural infecta el humano, los pensamientos y la pasión son descritos objetivamente. En Chateaubriand los árboles y los lagos se humanizan; en Flaubert, la alegría y la nostalgia se vuelven cosas. Esta inversión absoluta en la manera de representar el paisaje y el hombre es, más bien, lo que relaciona a ambos escritores: su originalidad respectiva está en su diferencia.

¿QUÉ MÁS prueba de que Flaubert construyó *Madame Bovary* con su vida, la de su familia, la de su sociedad, que su cantera fue la realidad de su tiempo? Y, sin embargo, se puede enfrentar a las citas en que Flaubert reconocía haber aprovechado su experiencia, multitud de citas en las que, con la misma convicción, niega que en *Madame Bovary* haya algo personal y afirma que se trata de una historia totalmente *in-*

---

[*] René Dumesnil, *La Vocation de Gustave Flaubert,* París, Gallimard, 1961, p. 209.

ventada. El 18 de diciembre de 1853 escribe a Louise: «... en imaginant on reproduit la généralité, tandis qu'en s'attachant à un fait *vrai*, il ne sort de votre oeuvre que quelque chose de contingent, de relatif, de restreint». La novela que escribe será obra de la pura imaginación, no estará contaminada en absoluto por su experiencia, no habrá en ella nada *verdadero*. Se lo aseguró con énfasis a Mlle. Leroyer de Chantepie: «*Madame Bovary* n'a rien de vrai. C'est une histoire *totalement inventée*; je n'y ai rien mis ni de mes sentiments ni de mon existence. L'illusion (s'il y en a une) vient au contraire de l'*impersonnalité* de l'oeuvre. C'est un de mes principes, qu'il ne faut pas *s'écrire*. L'artiste doit être dans son oeuvre comme Dieu dans la création, invisible et tout-puissant; qu'on le sente partout, mais qu'on ne le voie pas».[*]

La afirmación de que *Madame Bovary* no tiene nada de él es tan cierta como aquella según la cual sólo escribía cosas verdaderas. La experiencia es un punto de partida (el proceso de gestación); el punto de llegada (la obra concluida) consiste en la *muda* de ese material. La suma de experiencias que constituyen la base de una ficción no son la ficción, ésta siempre difiere de sus materiales porque es, sobre todo, una escritura y un orden, y en la mención verbal y en la distribución técnica esos ingredientes tornan inevitablemente a ser otros.

Es lo que debemos ver ahora, lo realmente importante: cómo la novela se emancipó de sus fuentes, cómo la realidad ficticia contradijo a la realidad real que la inspiró.

---

[*] Carta del 18 de marzo de 1857. (Los subrayados son de Flaubert.) Se habrá advertido que en esta cita se confunden dos ideas. Flaubert, de un lado, parece decir que se puede prescindir de la propia experiencia para escribir una novela, lo que es imposible. En cambio no lo es la otra afirmación: que el narrador sea una presencia que no se vea. La objetividad y la impasibilidad no son preceptos morales, sino, exclusivamente, una técnica narrativa.

EL ELEMENTO AÑADIDO

I. ALIANZAS Y SUSTITUCIONES

EL 26 DE agosto de 1853, Flaubert escribe a Louise: «Je suis dévoré maintenant par un besoin de métamorphoses. Je voudrais écrire tout ce que je vois, non tel qu'il est, mais transfiguré. La narration exacte du fait réel le plus magnifique me serait impossible. Il me faudrait le *broder* encore». La cita resume los dos movimientos de la creación novelesca, las relaciones entre ficción y realidad: (1) el punto de partida es la realidad real («tout ce que je vois»), la vida en su más ancha acepción (lo que veo puede ser lo que oigo, leo, sueño); (2) pero este material nunca es narrado «exacto», es siempre «transfigurado», «bordado». El novelista añade algo a la realidad que ha convertido en material de trabajo, y ese *elemento añadido* es la originalidad de su obra, lo que da autonomía a la realidad ficticia, lo que la distingue de la real.*

Una de las características cardinales del mundo de *Madame Bovary* es la materialidad, la importancia extraordinaria que tiene en él la realidad física, lo inerte. La raíz de este hecho

---

* El *elemento añadido,* o manipulación de lo real, no es gratuito: expresa siempre el conflicto que es origen de la vocación y puede ser poco o nada consciente por parte del escritor. Naturalmente, el *elemento añadido* es detectado por el lector en función de su propia experiencia de la realidad, y, como ésta es cambiante, el *elemento añadido* muda también, según los lectores, los lugares y las épocas.

se halla, según algunos críticos, en la influencia que debieron tener sobre Flaubert el padre científico e incrédulo, ganado por las ideas recientes de la experimentación y la filosofía positiva, y la infancia y adolescencia en el Hôtel-Dieu, entre enfermos y cadáveres. En todo caso, pese a su desprecio por los filósofos materialistas, Flaubert sostuvo a menudo que para él lo físico prevalecía sobre «lo moral»: «Je déclare quant à moi que le physique l'emporte sur le moral. Il n'y a pas de désillusion qui fasse souffrir comme une dent gâtée, ni de propos inepte qui m'agace autant qu'une porte grinçante, et c'est pour cela que la phrase de la meilleure intention rate son effet, dès qu'il s'y trouve une assonance ou un plis gramatical» (carta a Louise, del 19 de febrero de 1854). Cada novelista recrea el mundo a su imagen y semejanza, corrige la realidad en función de sus demonios: ese materialismo subjetivo de Flaubert es en la realidad ficticia un hecho objetivo.

El instrumento mediante el cual se opera la *transfiguración* es el estilo. Es cierto, hay en *Madame Bovary* una especie de furor descriptivo, la palabra ávida se vuelca sobre todo y de todo se apropia para exponerlo al lector con sus complejidades, relieves y detalles. Universal, caníbal, desborda las barreras e, incansable, describe objetos, personas, paisajes, sentimientos, acciones, pensamientos, e, incluso, otras palabras, como en el capítulo de la Ópera de Rouen donde las palabras del narrador describen —lo que es distinto de reproducen— las palabras de los actores que están interpretando *Lucie de Lammermoor*. Este frenesí descriptivo no es un fin en sí mismo, sino un procedimiento del que se vale el narrador para deshacer la realidad y rehacerla distinta. La sustancia verbal que se apodera de innumerables datos reales hace algo más insidioso que decir las propiedades de los hombres y las cosas; su designio consiste, más bien, en igualar, imponiéndoles propiedades que son suyas —de la propia palabra: propiedades formales—, a todos esos ingredientes de naturaleza diversa expropiados a la vida. La materialidad del mundo ficticio es consecuencia de una adulteración, perpetrada por la palabra, de esos objetos, personas, sentimientos, acciones, pensamientos e incluso palabras. En la realidad ficticia, caen las fronteras que los separan; el sistema descriptivo de la novela, aplicado de manera tendenciosa a los hombres y a las cosas, produce esa maravillosa inversión debido a la cual, en el mundo de Emma Bovary, a diferencia de lo que ocurre en el del lector, las emociones y las ideas dan la impresión de tener cuerpo, color, sabor, y los objetos de poseer una misteriosa intimidad, un espíritu. Si a ninguna gran novela se la puede calificar, sin decir un cierto contrasentido, de realista —porque, una de dos: o lo son todas, pues todas se nutren de datos reales, o no lo es ninguna, pues incluso las más mediocres realizan una mínima transfiguración de su materia para tornarla ficción—, sorprende que durante más de un siglo se haya tenido a *Madame Bovary,* una novela donde el espíritu se vuelve materia y la materia espíritu, como un ejemplo de realismo, entendido este término en el sentido de mera duplicación literaria de lo real.

Las cosas humanizadas

¿POR QUÉ ciertos objetos de la realidad ficticia sobreviven en la memoria tan nítidos y sugestivos como verdaderos personajes de carne y hueso? Porque han sido arrancados al mundo muerto de lo inerte y elevados a una dignidad superior; dotados de cualidades insospechadas, como, por ejemplo, una recóndita psicología, una capacidad de comunicar mensajes y despertar emociones, que hacen de ellos, pese a sus cuerpos inmóviles, pétreos, ciegos y mudos, seres imbuidos de profunda animación, de secreta vida. Desde las primeras páginas de la novela, uno de estos objetos humanizados, la *casquette* de Charles Bovary, establece, gracias a una memorable descripción, una característica distintiva de la realidad ficticia: la aptitud de ciertas cosas para imponerse, por su vistosidad, riqueza de matices, poder significativo y simbolismo, como entes igualmente complejos, misteriosos, durables y sensibles que sus propietarios: «C'était une de ces coiffures d'ordre composite, où l'on retrouve les éléments du bonnet à poil, du chapska, du chapeau rond, de la casquette de loutre et du bonnet de coton, une de ces pauvres choses, enfin, dont la laideur muette a des profondeurs d'expression comme le visage d'un imbécile. Ovoïde et renflée de baleines, elle commençait par trois boudins circulaires; puis s'alternaient, séparés par une bande rouge, des losanges de velours et de poils de lapin; venait ensuite une façon de sac qui se terminait par un polygone cartonné, couvert d'une broderie en soutache compliquée, et d'où pendait, au bout d'un long cordon trop mince, un petit croisillon de fils d'or, en manière de gland. Elle était neuve; la visière brillait». En eso consistía la famosa frialdad de Flaubert que condenó la crítica al aparecer el libro. La novela trastornaba las costumbres tradicionales de la narrativa que exigían, por parte del narrador, actitudes distintas según describiera cosas o seres humanos. En *Madame Bovary* el narrador presta a las cosas la misma atención prolija y respetuosa que se reservaba a los hombres, y les confía funciones que parecían prerrogativas del personaje, impensables en objetos cuya única obligación, hasta entonces, era la de constituir un decorado, un telón de fondo, una escenografía dentro de la cual monopolizaba todas las aventuras del alma y del cuerpo ese monarca absoluto, señor de la acción, la inteligencia y el sentimiento: el hombre. En *Madame Bovary*, por obra de la descripción, ciertas cosas, como la *casquette* de Charles, son más locuaces y trascendentes que sus dueños, y nos revelan, mejor que las palabras y los actos de aquéllos, la personalidad del amo: su estatuto social, su economía, sus costumbres, sus aspiraciones, su imaginación, su sentido artístico, sus creencias. La *casquette* no sólo está humanizada porque es capaz de transmitir una masa considerable de información, porque habla, sino también porque, debido a ciertos adjetivos («*pauvre* chose», «laideur *muette*») y comparaciones («profondeurs d'expression comme le visage d'un imbécile»), se ha cargado de una idiosincrasia particular, es susceptible de padecer desgracias humanas y de merecer por ello, igual que un homínido, conmiseración, afecto, solidaridad. La descripción de la *casquette* es minuciosa, científica, objetiva, pero no es fría: hay una soterrada ternura en ese afán de precisar su naturaleza híbrida, un discreto amor en la perfección con que es recreada por la palabra. Ese objeto, anodino en la realidad real, transfigurado prodigiosamente por el lenguaje, es la demostración de algo que descubrió Flaubert a los veinticuatro años y que se apresuró a participar a su amigo Le Poittevin: «Pour qu'une chose soit intéressante, il suffit de la regarder longtemps».*

Pero el objeto, en *Madame Bovary,* no sólo ostenta características humanas individuales; en determinados momentos reemplaza al hombre como ser sociable cuya naturaleza sólo puede ser determinada en situación, según el lugar que ocupa y las funciones que ejerce dentro de una comunidad de semejantes. Los objetos constituyen entonces una sociedad paralela: reflejan clases e intereses, niveles de fortuna, el grado de refinamiento de los grupos y las familias. En uno de los cráteres del libro, la boda de Emma, el narrador, que está describiendo la heterogénea composición de los convidados, abandona de pronto a los hombres y mujeres que llegan a la granja de Bertaux para concentrarse en los trajes, rica y diversa colectividad social, estructurada según firmes jerarquías que reproducen las de la sociedad humana: «Suivant leur position sociale différente, ils avaient des habits, des redingotes, des vestes, des habits-vestes: —bons habits, entourés de toute la considération d'une famille, et qui ne sortaient de l'armoire que pour les solennités; redingotes à grandes basques flottant

---

* Carta s. f., de septiembre de 1845, *Corresp.,* vol. I, p. 192.

au vent, à collet cylindrique, à poches larges comme des sacs; vestes de gros drap, qui accompagnaient ordinairement quelque casquette cerclée de cuivre à sa visière; habits-vestes très courts, ayant dans le dos deux boutons rapprochés comme une paire d'yeux, et dont les pans semblaient avoir été coupés à même un seul bloc, par la hache du charpentier. Quelques-uns encore (mais ceux-là, bien sûr, devaient dîner au bas bout de la table) portaient des blouses de cérémonie, c'est-à-dire dont le col était rabattu sur les épaules, le dos froncé à petits plis et la taille attachée très bas par une ceinture cousue». Los hombres contaminan a las cosas y las cosas a los hombres, se desvanecen los límites de lo inerte y lo animado y, dentro de esa fraternidad entre objetos y dueños, el narrador elige a unos para describir a los otros. De este modo, no sólo va alterando la realidad real, en la que esa confusión es imposible, sino, al mismo tiempo, realizando en la parte —situación, episodio o capítulo— el designio del todo novelesco: la totalización, querer construir una realidad tan vasta como la real. Describiendo hombres como objetos y objetos como hombres, el narrador convierte en uno solo a dos órdenes de la realidad independientes y, en cierto modo, enemigos. Igual que en el caso de los vestidos, también se produce un desliz de propietarios a cosas con las cartas que ha recibido Rodolphe a lo largo de su vida de seductor: «Ainsi flânant parmi ses souvenirs, il examinait les écritures et le style des lettres, aussi variés que leurs orthographes. Elles étaient tendres ou joviales, facétieuses, mélancoliques; il y en avait qui demandaient de l'amour et d'autres qui demandaient de l'argent».

La actitud igualitaria del narrador hacia hombres y cosas alcanza su cúspide en el episodio del fiacre, cuando Emma se entrega por primera vez a Léon en un carruaje que, con las cortinas bajas, recorre incansablemente, una y otra vez, las calles de Rouen. Aquí, la confusión de órdenes resulta extraordinariamente útil. Esa sustitución de la pareja por el fiacre en la atención del narrador, quien se limita, terco y obsesivo, a describir las idas y venidas erráticas del carruaje por las calles, plazas, encrucijadas de la ciudad, sin echar una mirada a lo que está ocurriendo en su interior, tiene la virtud de transformar a aquella ausencia —la acción reemplazada por su escenario en la descripción— en una presencia ígnea: lo que sucede dentro del coche se enriquece con los ropajes que la imaginación activada del lector deposita en el interior escamoteado del carruaje. El desplazamiento de la pareja por el objeto es verosímil, no da impresión de artificio, porque ocurre dentro de un contexto en el que hemos venido siendo acostumbrados a sustituciones parecidas. El canje de propiedades es muy visible en este episodio. Desde el principio el carruaje es descrito como un ser dotado de voluntad y movilidad propias: «Et la lourde machine se mit en route». A lo largo de las tres páginas se tiene la impresión que es el fiacre, no el cochero, quien toma las iniciativas: «La voiture repartit ... sortit des grilles ... trotta doucement ... alla le long de la rivière ... elle s'élança d'un bond ... elle vagabonda...». El cochero, que transpira, mira angustiado los bares, se desespera de aburrimiento e incomprensión, parece ser el llevado, no el que lleva, en tanto que el carruaje se muestra, con toda su «lourdeur», diligente y animoso. En el macizo armatoste uno acaba por percibir una chispa de inteligencia, aquella que no brota en ningún momento en el pobre cochero incapaz de descifrar el capricho de sus clientes; se diría que el fiacre, en cambio, comprende y, complaciente, malicioso, echa una mano a los amantes.

La *casquette* locuaz de Charles, las ropas sociables de los invitados a la boda, el fiacre erótico: mínima muestra de la muchedumbre disímil de objetos que en la realidad ficticia, por obra de la descripción, se cargan de virtualidades inéditas, alternan con los hombres en un pie de igualdad o los relegan a segundo plano como protagonistas de un episodio. Cartas, sellos, ropas, muebles, adornos, libros, diligencias, pomos, viviendas, estatuas, piedras, pueblos, ciudades: mencionados a veces deprisa, a veces menuda y largamente pormenorizados, su presencia en la realidad ficticia no es nunca desdeñable ni casual, y exige siempre del lector un mínimo de consideración, cuando no de aprecio, porque la palabra ha impuesto a esos objetos, junto con un valor estético, una especie de dignidad humana.

Los hombres cosificados

ESTA ELEVACIÓN del objeto hacia lo humano no ha sido posible sin una operación simultánea de rebajamiento del hombre hacia el objeto: para que fraternizaran, debían recorrer un trecho equitativo de camino. Mientras en *Madame Bovary* las cosas se espiritualizan y animan, se acentúa la materialidad de los hombres y, en muchos momentos, la descripción, al ceñirse a sus rasgos exteriores, hace de ellos una forma física, una presencia quieta y muda, cosas. Pero la mera apariencia carnal y el disimulo de la intimidad no son suficientes; la cosificación resulta sobre todo de un procedimiento complementario, que consiste en desmembrar a la figura y describir sólo una o algunas de sus partes omitiendo a las otras: esas piezas sueltas —por lo general caras, cabezas, pero también manos, troncos—, desgajadas de la arquitectura humana por la cirugía descriptiva del narrador y expuestas como unidades de dominante o exclusivo valor físico, dejan de vivir, se convierten en seres inanimados, rozan lo inerte. Los invitados a la boda de Emma, por ejemplo, son esta galería de orejas y epidermis: «Tout le monde était tondu à neuf, les oreilles s'écartaient des têtes, on était rasé de près; quelques-uns même qui s'étaient leves dès avant l'aube, n'ayant pas vu clair à se faire la barbe, avaient des balafres en diagonale sous le nez, ou, le long des mâchoires, des pelures d'épiderme larges comme des écus de trois francs, et qu'avait enflammées le grand air pendant la route, ce qui marbrait un peu de plaques roses toutes ces grosses faces blanches épanouies». Cercenadas de troncos y extremidades, esas caras han perdido además otro atributo: la individualidad, son seriales e intercambiables como artículos de consumo. Éste es otro de los recursos que utiliza el narrador para que los hombres de la realidad ficticia parezcan cosas: describirlos como conjuntos en los que, al desaparecer lo particular y privativo y destacar sólo lo general y compartido, adoptan un carácter uniforme e idéntico, una naturaleza indiferenciable, que es lo característico de los productos de la industria, reproducción mecánica de una matriz arquetípica. Por eso la cosificación de lo humano es sobre todo visible en los episodios donde se describen colectividades: la boda, el baile de la Vaubyessard, los comicios agrícolas, el espectáculo de la Ópera de Rouen, el entierro de Emma. En esas ocasiones, por obra de la palabra astuta e igualitaria con que describe el narrador, lo yerto y lo vivo se acercan hasta casi confundirse. En la escena del baile, los objetos y los miembros mutilados de sus propietarios se reúnen en una ronda en la que abanicos y rostros, manos y guantes, flores y cabellos desfilan como distintas formas de una indivisible sustancia: «Sur la ligne des femmes assises, les éventails peints s'agitaient, les bouquets cachaient à demi le sourire des visages, et les flacons à bouchon d'or tournaient dans des mains entrouvertes dont les gants blancs marquaient la forme des ongles et serraient la chair au poignet. Les garnitures de dentelles, les broches de diamants, les bracelets à médaillon frissonnaient aux corsages, scintillaient aux poitrines, bruissaient sur les bras nus. Les chevelures, bien collées sur les fronts et tordues à la nuque, avaient, en couronnes, en grappes ou en rameaux, des myosotis, du jasmin, des fleurs de grenadier, des épis ou des bluets. Pacifiques à leurs places, des mères à figure renfrognée portaient des turbans rouges». Ambos órdenes intercambian propiedades: en tanto que los abanicos *se agitan,* los bouquets de flores *ocultan* las sonrisas, los frascos de perfume *dan vueltas* en las manos, los guantes *marcan* la forma de las uñas, los brazaletes *tiemblan, centellean* y *rumorean* —verbos activos, dinámicos—, las manos, los pechos, las muñecas, las uñas, las cabelleras permanecen inmóviles y pasivos, dejándose hacer todo aquello por las cosas inquietas y nerviosas, bajo la vigilancia de esas estatuas graníticas, las madres, cuya única verdad parece ser llevar turbantes rojos. En pocas líneas vemos aquí esa inversión de los términos de la realidad que es uno de los constituyentes claves del elemento añadido en *Madame Bovary*.*

En tanto que el paisaje exterior se animiza, el interior de los sentimientos se vuelve visible, toma consistencia. Al partir Léon de Yonville, Emma queda profundamente abatida; se confina en el recuerdo del joven, al que asocia todo lo que ocurre y al que trata de reavivar con las experiencias nuevas que vive. Sin embargo, este amor va decayendo con el tiempo hasta cesar. Todo ello está expresado en la novela mediante una metáfora, la más larga del libro, y, sin duda, una de las más largas de la literatura. El recuerdo de Léon en la memoria de Emma es comparado a una hoguera que llamea en la estepa y la permanencia de ese recuerdo, la avidez con que Emma lo atesora y reanima, pese a lo cual va languideciendo y muere, es la descripción de este fuego cuyas llamas reavivan nuevas materias, hasta que por fin se apagan, «soit que la provision d'elle-même s'épuisât, ou que l'entassement fût trop considérable». La imagen (veintidós líneas en la edición Garnier) es tan compleja y puntillosa que, en cierto modo, constituye una serie de metáforas, una alegoría. Esta realidad material —la hoguera que arde, dura, revive, disminuye y acaba— cuya función debería ser explicar a la otra, esa realidad espiritual de la que es símbolo, termina más bien por absorberla. De ser una referencia, la hoguera pasa a ser lo referido, la explicación se vuelve lo explicado. Ocurre una mu-

---

* Según Sartre, el tema del «devenir-chose» del hombre fascinó toda la vida a Flaubert, y esto se manifiesta en los cadáveres autopsiados (cuerpos convertidos en cosas por la muerte y el escalpelo) que aparecen en su obra: Margarite, personaje de un cuento de adolescencia, acaba en la mesa de disección y en esta novela se hace la autopsia de Charles Bovary (Sartre, *op. cit.,* vol. II, p. 1867).

danza típica de la realidad ficticia, en la que, así como las ropas se animan, el amor literalmente se enciende, chisporrotea, danza en llamas rojas y amarillas y azules, devora troncos y hojas secas y, luego, se va convirtiendo en cenizas grises. Otro ejemplo de cristalización del sentimiento en un paisaje visible es la descripción de la intimidad de Emma, luego de haberse entregado a Rodolphe, como una geografía de cumbres y gargantas majestuosas desplegadas bajo el cielo azul: «Elle entrait dans quelque chose de merveil-leux où tout serait passion, extase, délire: une immensité bleuâtre l'entourait, les sommets du sentiment étincelaient sous sa pensée, l'existence ordinaire n'apparaisait qu'au loin, tout en bas, dans l'ombre, entre les intervalles de ces hauteurs». Se trata de algo más que una comparación destinada a precisar una idea: los sentimientos de Emma son esas crestas magníficas que desafían al cielo, la vida común es esa orografía rastrera y humillada por aquellas alturas.

Dinero y amor

EN UN MOMENTO de la historia, el narrador, describiendo el sentimiento de Léon por Emma, nos dice que el pasante de notario «admirait l'exaltation de son âme et les dentelles de sa jupe». Esto no habla mal del joven, no significa que sea un tosco incapaz de jerarquizar entre el alma y las faldas de una mujer: en la realidad ficticia no hay diferencia esencial entre ambas cosas, el espíritu y los objetos pertenecen a una misma categoría —lo existente— y no hay razón para que no despierten sentimientos parecidos. Así, su primera mujer, Heloïse, acostumbraba pedirle a Charles Bovary «quelque sirop, pour sa santé et un peu plus d'amour». Puestos en pie de igualdad, hombres y cosas se complementan, y estas últimas son inseparables, por ejemplo, de estados anímicos como el entusiasmo o el aburrimiento. En cuanto al amor, los objetos no sólo engalanan el escenario amoroso sino que la pasión erótica, en el caso de la protagonista, está inextricablemente unida a una pasión poseedora, a un afán de tener más y más cosas.

En la novela existe por eso una íntima vinculación entre el amor y el dinero (símbolo de las cosas), y, sobre todo en la relación de Emma y Léon, no se puede hablar de lo uno sin lo otro.

Al principio de su estancia en Yonville, Emma se enamora del joven pero no deja que ello se note; este amor reprimido la atormenta tanto como la insatisfecha ambición de la riqueza, y el narrador precisa que ambas frustraciones se confunden en un mismo sufrimiento: «Alors, les appétits de la chair, les convoitises d'argent et les mélancolies de la passion, tout se confondit dans une même souffrance». Más tarde, el amor y el dinero se confundirán para ella en un mismo placer. El primer viaje de Emma a Rouen para pasar tres días con su nuevo amante (parte III, cap. III) tiene también como objeto gestionar ante un notario la procuración que le dará derecho a decidir sobre la herencia de Charles. Se podría pensar que esto último es un mero pretexto, algo secundario que Emma olvida en esos tres días apasionados; pero al término del capítulo se revela —dato escondido en hipérbaton— que, entre caricia y caricia, Emma ha hablado muchas veces con su amante del asunto del poder, pues, cuando ella ha partido, Léon, mientras camina por las calles de Rouen, piensa: «Mais pourquoi donc tient-elle si fort à cette procuration?». Esta colusión de lo erótico y lo monetario dura el tiempo de sus amores, una cosa se infiltra en la otra hasta formar algo irreductible. Poco después, Léon, impaciente y enamorado, va a Yonville y los amantes pueden disfrutar unos momentos, solos, en la calleja trasera de los Bovary. La despedida es tierna y Emma promete buscar la manera de ir a Rouen. El narrador añade: «Elle était, d'ailleurs, pleine d'espoir. Il allait lui venir de l'argent». Y, en efecto, Emma comienza a hacer compras, decora otra vez su hogar, gasta con ímpetu: «Aussi, elle acheta pour sa chambre une paire de rideaux jaunes à larges raies, dont M. Lheureux lui avait vanté le bon marché; elle rêva un tapis...». Amor y dinero se apoyan y activan mutuamente. Emma, cuando ama, necesita rodearse de objetos hermosos, embellecer el mundo físico, crear en torno un decorado tan suntuoso como sus sentimientos. Es una mujer para la cual el goce no es completo si no se materializa: proyecta el placer del cuerpo en las cosas y, a su vez, las cosas acrecientan y prolongan el placer del cuerpo. En el capítulo siguiente, donde la pasión de Emma y Léon llega a su clímax, los apetitos sexuales aplacados despiertan paralelamente en Madame Bovary apetitos extravagantes de lujo; ambiciona, para ir de Yonville a Rouen, «un tilbury bleu, attelé d'un cheval anglais, et conduit par un groom en bottes à revers». Es esta codicia material la que precipitará su caída; a medida que sus amores con Léon crecen en audacia y refinamiento, aumentan sus deudas con el mercader Lheureux, quien, con mano maestra, excita y satisface los caprichos de Emma hasta arruinarla.

Sin embargo, el afán de Emma de poseer objetos no sólo se conecta con sus amores; también con sus desengaños y su aburrimiento. Es una relación más sutil, menos subrayada que la anterior, pero que, en ciertos períodos de su vida, se percibe claramente. Cien años antes que sus congéneres de carne y hueso, Emma Bovary, en un pueblecito normando, intenta contrarrestar una insuficiencia vital adquiriendo objetos, acudiendo a los productos industriales en busca de la ayuda que los hombres no pueden darle. En *Madame Bovary* apunta esa alienación que un siglo más tarde hará presa en las sociedades desarrolladas de hombres y mujeres (pero sobre todo de estas últimas, por sus condiciones de vida): el consumismo como un desfogue para la angustia, tratar de poblar con objetos el vacío que ha instalado en la existencia del individuo la vida moderna. El drama de Emma es el intervalo entre la ilusión y la realidad, la distancia entre el deseo y su cumplimiento. En dos ocasiones cree que el adulterio puede proporcionarle esa vida espléndida que su imaginación anhela, y en ambas se ve desengañada. Su ideal amoroso es destruido a la vez por «les souillures du mariage et la désillusion de l'adultère». Incluso en la época en que sus amores con Léon prosperan sin sombra, Emma descubre en cada viaje a Rouen que la realidad está siempre por debajo del sueño: «Elle se promettait continuellement, pour son prochain voyage, une félicité profonde; puis elle s'avouait ne rien sentir d'extraordinaire. Cette déception s'effaçait vite sous un espoir nouveau, et Emma revenait à lui plus enflammée, plus avide». Emma se desespera por este sabotaje que su mente ejerce contra su felicidad. Se pregunta: «D'où venait donc cette insuffisance de la vie, cette pourriture instantanée des choses où elle s'appuyait?». La respuesta es: de su fantasía, que la lleva siempre a desear cosas que están más allá de las cosas. Este abismo entre deseo y realidad explica quizá la vocación poseedora de Emma, ese apetito por los objetos que, si en un comienzo parece ser un medio —de embellecer el contorno, de distraer en algo la monotonía de sus días—, luego se convierte en un fin, en un comprar por comprar, en un gastar por gastar. Como la publicidad moderna, Lheureux es el sabio orquestador de este proceso, quien orienta las inquietudes de Emma en la dirección de su comercio. En el caso de Emma Bovary se anuncia ya ese extraordinario fenómeno del mundo moderno por el que, de servidores e instrumentos de los hombres, las cosas pasarán a convertirse en sus amos y destructores.

Madame Bovary, hombre

PERO EN la realidad ficticia no sólo las cosas se vuelven hombres y los hombres cosas. Hay otra inversión de sustancias, igualmente discreta: algunas mujeres y varones truecan sus sexos. Emma es un personaje fundamentalmente ambiguo, en el que coexisten sentimientos y apetitos contrarios —en un momento el narrador dice que en ella «l'on ne distinguait plus l'égoïsme de la charité, ni la corruption de la vertu»—, y eso, que al aparecer el libro pudo resultar absurdo a críticos acostumbrados a la distribución maniquea de vicios y virtudes en personajes distintos, nos parece hoy la mejor prueba de su humanidad. Pero su indefinición no es sólo moral y psicológica; profundamente tiene que ver asimismo con su sexo. Porque, bajo la exquisita femineidad de esta muchacha, se embosca un decidido varón.

La tragedia de Emma es no ser libre. La esclavitud se le aparece a ella no sólo como producto de su clase social —pequeña burguesía mediatizada por determinados medios de vida y prejuicios— y de su condición de provinciana —mundo mínimo donde las posibilidades de hacer algo son escasas—, sino también, y quizá sobre todo, como consecuencia de ser mujer. En la realidad ficticia, ser mujer constriñe, cierra puertas, condena a opciones más mediocres que las del hombre. Durante el diálogo amoroso con Rodolphe, en el marco de los comicios agrícolas, cuando el seductor habla de esa clase de seres a la que él pertenece, a quienes es indispensable el sueño y la acción, pasiones puras y goces furiosos, Emma lo contempla como a alguien que ha pasado por «países extraordinarios» y responde con amargura, en nombre de su sexo: «Nous n'avons pas même cette distraction, nous autres pauvres femmes!». Es cierto: en la realidad ficticia no sólo la aventura está prohibida a la mujer; también el sueño parece privilegio masculino, pues aquellas que buscan la evasión imaginaria, por ejemplo a través de las novelas, como Madame Bovary, están mal vistas, se las considera unas «evaporadas». Emma tiene conciencia clara de la situación de inferioridad en que se halla la mujer en la sociedad ficticia —una típica «sociedad chauvinista fálica», como la designaría el vocabulario feminista actual—, y ello se pone de manifiesto cuando queda embarazada. Desea ardientemente que su hijo sea hombre «et cette idée d'avoir pour enfant un mâle était comme la revanche en espoir de toutes ses impuissances passées». A continuación, mediante el escurridizo estilo indirecto libre, el narrador hace la siguiente reflexión que inequívocamente corresponde a Emma y en la cual se describe el régimen discriminatorio que existe para los sexos: «Un homme, au moins, est libre; il peut parcourir les passions et les pays, traverser les obstacles, mordre aux bonheurs les plus lointains. Mais une femme est empêchée continuellement. Inerte et flexible à la fois, elle a contre elle les mollesses de la chair avec les dépendances de la loi. Sa volonté, comme le voile de son chapeau retenu par un cordon, palpite à tous les vents; il y a toujours quelque désir qui entraîne, quelque convenance qui retient». Ser mujer —sobre todo si se tiene fantasía e inquietudes— resulta una verdadera maldición en la realidad ficticia: no es extraño que al saber que ha dado a luz una niña, Emma, frustrada, pierda el sentido.

Pero Emma es demasiado rebelde y activa para contentarse con soñar una *revanche* vicaria, a través de un posible hijo varón, de las impotencias a que la condena su sexo. De modo instintivo, a tientas, combate esa inferioridad femenina de una manera premonitoria, que no se diferencia mucho de ciertas formas elegidas un siglo más tarde por algunas luchadoras de la emancipación de la mujer: asumiendo actitudes y atavíos tradicionalmente considerados como masculinos. Feminista trágica —porque su lucha es individual, más intuitiva que lógica, contradictoria porque busca lo que rechaza, y condenada al fracaso—, en Emma late íntimamente el deseo de ser hombre. Es más que una simple casualidad, por eso, que, en sus visitas al castillo de la Huchette, la residencia de su amante, juegue a ser varón —«elle se peignait avec son peigne et se regardait dans le miroir à barbe»— e, incluso, en un acto fallido que un analista rotularía como característico de la nostalgia de falo, acostumbre ponerse entre los dientes «le tuyau d'une grosse pipe» de Rodolphe. No es la única ocasión en que aparecen en vida de Emma gestos que transparentan una inconsciente voluntad de ser hombre. Su biografía está llena de detalles que hacen de esta actitud una constante desde su adolescencia hasta su muerte. Uno de ellos es la indumentaria. Emma acostumbra dar a su atuendo un toque masculino, usar prendas varoniles, lo que, por lo demás, resulta atractivo para los hombres que la rodean. Cuando Charles la conoce, en la granja de Bertaux, observa que la muchacha «portait, *comme un homme*, passé entre deux boutons de son corsage, un lorgnon d'écaille». En el primer paseo a caballo con Rodolphe, es decir, el día que comienza su liberación de las trabas del matrimonio, Emma está tocada simbólicamente con «un chapeau d'homme». A medida que progresan sus amores con Rodolphe y ella se vuelve más audaz e imprudente, comienzan a multiplicarse estos signos exteriores de su identificación con lo viril: como para «escandalizar al mundo», dice el narrador, Emma se pasea con un cigarrillo en la boca, y un día la vemos bajar de *L'Hirondelle* «la taille serrée dans un gilet, *à la façon d'un homme*»: ese chaleco masculino resulta tan inconcebible que aquellos que dudaban de su infidelidad «ya no dudaron más».

Esta propensión de Emma a romper los límites de su sexo e invadir el contrario se plasma, naturalmente, en hechos menos adjetivos que las ropas. Está implícita en su carácter dominante, en la rapidez con que, apenas nota un síntoma de debilidad en el varón, pasa ella a asumir funciones varoniles e impone a aquél actitudes femeninas. En sus relaciones con Léon, por ejemplo, muy pronto se cambian los papeles y ella toma todas las iniciativas: es Emma la que va a Rouen a verlo y no él a ella; es Emma la que le pide que se vista de determinada manera para complacerla, la que le aconseja que renueve las cortinas del departamento, la que le ordena o poco menos que le escriba versos. Como Léon es inhibido y tacaño, Emma acaba compartiendo los gastos del hotel donde se aman. El elemento pasivo es Léon, ella el activo, como lo señala el narrador: «Il ne discutait pas ses idées; il acceptait tous ses goûts; *il devenait sa maîtresse plutôt qu'elle n'était la sienne*». Pero precisamente porque Léon acepta con tanta facilidad esa inversión de roles, el papel femenino que le impone la energía de su amante, Emma se siente frustrada y lo desprecia *pues le parece una mujer;* así, su identificación con la mentalidad del macho es total. Ocurre el día en que Léon la deja plantada porque no consigue zafarse de Homais; ella piensa entonces que el pasante de notario es «incapable d'héroïsme, faible, banal, *plus mou qu'une femme,* avare d'ailleurs et pusillanime».* Emma está siempre condenada a frustrarse: siendo mujer, porque la mujer es en la realidad ficticia un ser sometido al que está vedado el sueño y la pasión; siendo hombre, porque sólo puede conseguirlo volviendo a su amante un ser nulo, incapaz de despertar en ella la admiración y el respeto por esas virtudes supuestamente viriles que no halla en su marido y que busca en vano en el adulterio. Ésa es una de las contradicciones irresolubles que hacen de Emma un personaje patético. El heroísmo, la audacia, la prodigalidad, la libertad son, aparentemente, prerrogativas masculinas; sin embargo, Emma descubre que los varones que la rodean —Charles, Léon, Rodolphe— se vuelven blandos, cobardes, mediocres y esclavos apenas ella asume una actitud «masculina» (la única que le permite romper la esclavitud a que están condenadas las de su sexo en la realidad ficticia). Así, no hay solución. Ese horror a tener una hija, tan criticado por los biempensantes, es un horror a traer un ser femenino a un mundo donde la vida para una mujer (como ella, al menos) es sencillamente imposible.

También en sus relaciones conyugales los roles hembra-varón se invierten muy pronto; Emma pasa a ser la personalidad dominante y Charles la dominada. Ella impone el

---

* Todos los subrayados son míos.

tono, se hace siempre su voluntad, al principio sólo en cuestiones domésticas y luego en los otros dominios: Emma se encarga de cobrar las facturas de los pacientes, obtiene un poder notarial para tomar todas las decisiones y se convierte en el amo y señor de la familia. Consigue esta jerarquía casi siempre por las buenas, pues le basta un poco de astucia, unos mimos para trocar al débil de Charles en un instrumento; pero, si es necesario, no vacila en recurrir a la fuerza, como cuando pone a su marido entre la espada y la pared dándole a elegir entre ella y su suegra. El dominio de Emma sobre Charles, en vez de cesar con la muerte, alcanza su apogeo luego del suicidio.

Lo primero que hace Charles, cuando ella desaparece, es decidir un entierro suntuoso y romántico, conforme a los gustos de Emma. Después contrae los hábitos pródigos, los caprichos refinados de su mujer, con lo que acaba de precipitarse en la ruina, exactamente igual que ella. El narrador resume esta situación en una conmovedora imagen: «Elle le corrompait au-delà du tombeau».*

Por lo demás, en la realidad ficticia el caso de Emma no es único; hay otras mujeres que asumen roles varoniles y sin sentirse por ello tan frustradas como Madame Bovary. En ambos casos, se trata de matriarcas que se convierten en los varones del matrimonio por la debilidad de los maridos. La madre de Charles Bovary pasa a ser el jefe de su hogar desde que el matrimonio se arruina, y lo mismo la primera mujer de Charles, la que, desde que se casan, según lo precisa el

---

* El único que vio, con su lucidez crítica habitual, que uno de los atractivos mayores de la personalidad de Emma era la mezcla en ella de virilidad y femineidad fue Baudelaire. En su reseña de la novela escribió: Flaubert «n'a pas pu ne pas infuser un sang viril dans les veines de sa créature» y «pour ce qu'il y a en elle de plus énergique et de plus ambitieux, et aussi de plus rêveur, madame Bovary est restée un homme. Comme la Pallas armée, sortie du cerveau de Zeus, ce bizarre androgyne a gardé toutes les séductions d'une âme virile dans un charmant corps féminin». La reseña apareció en *L'Artiste* del 18 de octubre de 1857, y fue recogida luego en *L'Art romantique*.

narrador, «fut le maître». Hay una diferencia, desde luego. Estas matriarcas no son propiamente feministas, no hay en ellas la menor rebeldía implícita en la inversión de roles, sino, más bien, resignación. Asumen el papel del hombre porque no tienen otro remedio, ya que sus maridos han renunciado a él y alguien debe tomar las decisiones del hogar. En Emma, la virilidad no es sólo una función que ella asume para llenar una vacante, sino también una ambición de libertad, una manera de luchar contra las miserias de la condición femenina.

Un mundo binario

LA REALIDAD ficticia tiene también, como signo distintivo, una misteriosa ordenación cuyo principio es el número dos. Está organizada por pares: lo existente da la impresión de ser uno y su doble, la vida y las cosas una inquietante repetición. En ese mundo binario, uno es dos, es decir, todo es uno y su réplica, a veces idéntica, a veces deformada; casi nada existe por sí solo, casi todo se duplica en algo que lo confirma y lo niega. Esta simetría se puede rastrear en los personajes y en las acciones, en los lugares y en los objetos. La realidad ficticia, a diferencia de la real, no da la impresión de crecer y multiplicarse libre, caóticamente, sino dentro de una inflexible planificación, en función de una ley inmanente o virtualidad universal, a la que nada ni nadie escapan, que ha sustituido la individualidad por la dualidad como célula primera de la vida. A la dinámica fatídica del apareamiento se pliegan lo vivo y lo inerte para constituir un sistema de relación que no es racionalmente explicable: en este sentido la realidad ficticia no es histórica sino mágica.

Un elemento dramático constante en la historia de Emma es la pugna entre la realidad objetiva y la subjetiva. Emma no las diferencia, sólo puede vivir la realidad ilusoriamente, o, más bien, *vive* la ilusión, trata de concretarla. Ilusión y realidad son en la novela versiones opuestas de una misma cosa, dos hermanas (una bella, la otra fea) inseparables. La realidad descubre su sordidez por contraste con la imagen embellecida que traza de ella —con ayuda de las novelas románticas— la fantasía de Emma, y, paralelamente, esta realidad subjetiva revela su color, elevación y riqueza (su carácter ilusorio: su imposibilidad) al ser contrapuesta a su versión objetiva gris y mezquina. Una, pues, es indispensable a la otra para la constitución de la realidad ficticia, que resulta de esa dialéctica entre las caras «real» e «ideal» de la vida. Flaubert escribió a Louise Colet el 21 de marzo de 1852: «Toute la valeur de mon livre, s'il en a une, sera d'avoir su marcher droit sur un cheveu, suspendu entre le double abîme du lyrisme et du vulgaire (que je veux fondre dans une analyse narrative)». Haberlo logrado no es *todo,* pero sí uno de los méritos de la novela, que está edificada, en efecto, a partir de opuestos que, al complementarse íntima y necesariamente, sin perder por ello su especificidad, dotan al mundo ficticio de una naturaleza original. También en esta conjugación de contrarios —la realidad y la ilusión, o, como dice Flaubert, lo «lírico» y lo «vulgar»— *Madame Bovary* cumple, a su manera, con la vocación totalizadora de la novela: en la realidad ficticia no sólo lo existente forma la vida; también lo inexistente contribuye a esa misión. Una de las creencias más difundidas respecto a *Madame Bovary* es que canceló el romanticismo e inauguró la corriente realista. Sería más justo hablar de un romanticismo completado que negado. Los románticos describían exclusiva (Lamartine, Chateaubriand) o preferentemente (Victor Hugo) la versión subjetiva de lo real, sustituían la realidad por la ilusión. En *Madame Bovary,* Flaubert extendió esa realidad mutilada, añadiéndole la mitad abolida por la fantasía romántica (pero sin suprimir la primera, como harían más tarde Zola, Huysmans, Daudet). En la novela aparecen los componentes del amor romántico: la exuberancia sentimental, el sino trágico, la retórica de encendido lirismo. Si se separa del contexto, el diálogo amoroso de Emma y Léon que compone casi todo el primer capítulo de la tercera parte parece prototípico de una novela romántica. Lo que ocurre es que el contexto muestra la enorme dosis de irrealidad que contienen las bellas frases de los amantes: las mentiras voluntarias o involuntarias que dicen, las trampas y autoengaños de que son víctimas, la distancia entre sus palabras y los hechos. El espacio que instala el narrador entre la realidad y la ilusión no significa la irremisible condena de una por la otra: la escena no es una burla. Esas delicadas falsedades que profieren son siempre conmovedoras, porque revelan su sed de absoluto, de goce, de belleza —la necesidad de la ilusión—, su esfuerzo para, con las palabras, salvar el abismo entre sus ideales y su verdadera condición.

El sistema de dualidades que organiza la realidad ficticia no consiste en aquello que el pensamiento dialéctico denomina la identidad de los contrarios, sino, más bien, en su reciprocidad: no se funden en una síntesis superior, coexisten como elementos diferentes que, sin embargo, sólo alcanzan su plena realidad uno en función del otro. Cuando Flaubert escribía *Madame Bovary,* dio a leer a Louise Colet sus *Notes de voyage* por el Oriente, y Louise quedó disgustada con la descripción de Ruchiouk Hânem, célebre prostituta egipcia con la que Gustave había tenido una sola pero intensa noche de amor. Louise consideró que la cortesana quedaba humillada por el retrato, que incluía, junto a sus refinados afeites, también a sus piojos. He aquí la respuesta de Flaubert: «Tu me dis que les punaises de Ruchiouk-Hânem te la dégradent; c'est là, moi, ce qui m'enchantait. Leur odeur nauséabonde se mêlait au parfum de sa peau ruisselante de santal. Je veux qu'il y ait une amertume à tout, un éternel coup de sifflet au milieu de nos triomphes, et que la désolation même soit dans l'enthousiasme. Cela me rappelle Jaffa où, en entrant, je humais à la fois l'odeur des citronniers et celle des cadavres; le cimetière défoncé laissait voir les squelettes à demi pourris, tandis que les arbustes verts balançaient au-dessus de nos têtes leurs fruits dorés. Ne sens-tu pas combien cette poésie est complète, et que c'est la grande synthèse? Tous les appétits de l'imagination et de la pensée y sont assouvis à la fois; elle ne laisse rien derrière elle» (carta del 27 de marzo de 1853). La fórmula que usa Flaubert («la gran síntesis») se presta a confusión. El olor nauseabundo lo excita porque se mezcla al perfume de sándalo, y éste porque contrasta con aquél, pero sin que ninguno de los dos desaparezca en un perfume intermedio, híbrido; son esas dos presencias disonantes, írritas una a la otra, las que, al convivir en el cuerpo de la prostituta, mutuamente se definen, y es esa relación de fraternidad enemiga, de vecindad áspera (como la del olor de los limones y de la carroña humana en Jaffa), lo que hechiza a Flaubert. Como lo prueban sus recuerdos de la cortesana del Nilo y del cementerio palestino, en la realidad real esas dualidades son posibles. En la ficticia serán *necesarias.* En la vida real se pueden dar; en la ficticia, cosas, personas y hechos darán la impresión de *sólo* darse mediante dualidades, de contraste como en estos casos, o de semejanza. La cita es interesante, además, pues en ella se ve cómo en la asociación de opuestos Flaubert entrevé el logro de un designio totalizador: que queden aplacados a la vez *todos* los apetitos de la imaginación y el pensamiento, que *nada* sea rechazado. Esta ambición se expresa en la realidad ficticia, asimismo, a través del sistema binario: al ser cada objeto, hecho o persona, él mismo y su contrario, en cada parte del relato está manifestándose, sintéticamente, una totalización equivalente a la que el todo aspira a representar. Este afán totalizador de Flaubert no nació con *Madame Bovary;* cinco años antes de que comenzara la novela, le decía a Louise: «Moi, sous les belles apparences, je cherche les vilains fonds; et je tâche de découvrir, en dessous des superficies ignobles, des mines irrévélées de dévouement et de vertu. C'est une manie assez bonne, qui vous fait voir du nouveau où on ne se douterait pas qu'il existe» (carta del 5 de septiembre de 1846). Esta aproximación a las cosas humanas, fuera de descubrir lo

nuevo, impide la esquemática distribución de vicios y virtudes, lleva a entender que la bondad y la maldad pueden ser
atributos de una misma persona y en un mismo momento
para asuntos diferentes, y a postular la complejidad contradictoria, la polivalencia de la vida.

Uno de los dominios donde el binomio realidad-ilu-
sión se manifiesta de manera sistemática en el mundo ficticio
es la palabra. Las mismas cosas, según estén hechas o escritas,
cambian de naturaleza, se enemistan. Al convertirse en escritura la realidad se hace mentira. La correspondencia, el periodismo, los libros son en *Madame Bovary* agentes desrealiza-
dores. Si nos fiáramos sólo de lo que las novelas, la prensa o
las cartas dicen, tendríamos de la realidad ficticia una versión
falaz; conoceríamos ciertos sucesos, no como efectivamente
ocurrieron, sino como los personajes creen o quieren hacer
creer que ocurrieron. Escribir, en la realidad ficticia, es siempre engañar; la escritura es el reino de la fantasía. La inadap-
tación de Emma a la vida es hija en buena parte de sus lecturas, de esas historias románticas que han modelado en su
mente una realidad ideal que no encaja en la real (lo que quiere decir que esas novelas falsifican la vida). Por eso, las personas sensatas, como la madre de Charles, temen la afición de
Emma por las novelas. No se equivocan. Que la insatisfacción
de Emma se enraíza en la literatura se ve muy bien en el episodio que sigue inmediatamente a su entrega a Rodolphe. Madame Bovary cree entrar en el mundo de las heroínas ficti-
cias, está segura que la ilusión se va a convertir por fin en
realidad: «Alors elle se rappela les héroïnes des livres qu'elle
avait lus, et la légion lyrique de ces femmes adultères se mit à
chanter dans sa mémoire avec des voix de soeurs qui la char-
maient. Elle devenait elle-même comme une partie véritable
de ces imaginations...». Es posible que si Emma no hubiera
leído todas esas novelas su destino habría sido distinto (lo
mismo el Quijote, si no hubiera leído las novelas de caballe-
rías); tal vez hubiera soportado su suerte con el sosiego y la

inconsciencia de las otras burguesas de Yonville. Las mentiras de la ficción llenaron su cabeza de apetitos, de inquietud, de sueños. Al igual que la literatura, el periodismo de la realidad ficticia es otro gran creador de ilusiones: la diferencia está en que las de las novelas son bellas y nobles y las del periodismo sucias y viles. La prensa aparece como algo pretencioso y ruin; en ella se vierte la pedantería de Homais, desfigurando hiperbólicamente y con citas clásicas los comicios agrícolas de Yonville. La novela muestra los dos planos en que se registra este acontecimiento: el histórico y el retórico; lo sucedido y su deformación verbal perpetrada por el farmacéutico. La que en los hechos fue una fiesta popular llena de absurdidades y de elementos tragicómicos es en las palabras una ceremonia de refinamiento supremo, fiesta de patriotismo, del progreso y la ciencia. Peor aún son las mentiras que *Le Fanal de Rouen* propaga, cuando Homais, poniendo en acción lo que el narrador llama con justicia «la scéleratesse de sa vanité», escribe sueltos ofídicos contra el Ciego al que odia porque no ha podido curar. El periódico es un efectivo proveedor de ese medio ambiente moral en que se mueven los personajes: la mentira. Por eso, son los seres instruidos —los más leídos— los peores embusteros. Quienes dicen la verdad suelen ser los bobos, como el pobre Charles Bovary, o los rústicos, como el padre de Emma. En cambio, Léon, Rodolphe, Emma, Homais no cesan de engañarse unos a otros y de engañarse a sí mismos. Y cuando emplean la palabra escrita se superan a sí mismos en la capacidad de fabular, de convertir la realidad en irrealidad. En este sentido es ejemplar la carta de ruptura que Rodolphe le escribe a Emma la víspera de la fecha fijada para la fuga. Utilizando la técnica de los vasos comunicantes con la misma maestría que en el episodio de los comicios agrícolas, el narrador nos muestra, en dos páginas admirables, una de esas dualidades contradictorias típicas de la realidad ficticia, la mentira y la verdad de una situación. La carta a Emma que Rodolphe va escribiendo desmiente sistemáticamente lo que está pensando y sintiendo, y viceversa. Su mano caligrafía frases melancólicas, sufridas, generosas, describiendo el sacrificio que está dispuesto a consentir para que Emma no cometa la imprudencia de huir con él. Su mente, en cambio, sólo piensa en librarse de una amante que se ha vuelto fastidiosa. Del antagonismo entre las palabras y los sentimientos surge la verdadera personalidad de Rodolphe. Entre lo vivido y lo escrito existe siempre un divorcio en la realidad ficticia; uno y otro encarnan a esos elementos de cuyo conflicto extrae la novela su fuerza dramática: la realidad y la ilusión.

Si se analiza el escenario en el que transcurre la historia de Emma Bovary, se descubre que los lugares se constituyen de manera simétrica, por parejas afines o antitéticas. La vida de los Bovary se desenvuelve en dos pueblos gemelos. ¿Qué distingue a Tostes de Yonville? Normandos, minúsculos, con su larga y única calle en la que se alinean las casas de los vecinos, y sus personajes típicos, su vida monótona, rodeados ambos de una campiña idéntica donde se hallan desperdigadas las casas de los granjeros y la red de caminos que recorre incansablemente, al servicio de sus pacientes, el oficial de sanidad, uno parece la repetición del otro. Cuando, luego de la crisis de Emma, los Bovary se mudan de Tostes a Yonville, el escenario cambia de nombre, no de sustancia: topográfica y sociológicamente sigue siendo el mismo. Pero Tostes es sólo uno de los puntos de referencia de Yonville: el otro es Rouen. Si Tostes es su doble, Rouen es su antítesis, la ciudad de vida diversa y múltiple, donde Emma encuentra consuelo de la sofocante aldea: de allí vienen las revistas y las novelas que le permiten soñar, de allí trae Lheureux los objetos y ropas con que intenta vestir su vacío y su angustia; allí hay bailes y espectáculos, espacio y gente bastante como para pasar ignorada y vivir el amor prohibido. Yonville/Rouen son los dos polos entre los que —a partir de sus amores con Léon— rebota la vida de Emma, los domicilios de su duplicidad. Cada uno de estos escenarios refleja, en su tamaño y carácter, las dos vidas de la protagonista. Yonville, la aldea, es la chatura matrimonial, el aburrimiento, la razón y los prejuicios, la rutina de las obligaciones domésticas, la compostura y el freno del instinto, el cálculo sórdido de las facturas y las deudas. Rouen, la ciudad, con su catedral y sus hoteles, sus restaurantes, plazas, islas, es la exuberancia de la pasión adúltera, el derroche, la libertad de los instintos, la fiesta, la despreocupación, la locura. Entre Yonville y Rouen hay una relación de vasos comunicantes: cada uno revela su fisonomía por contraste con el otro. Así como la vida doble de Emma encuentra, en cierta forma, materialización geográfica en la dualidad Yonville/Rouen, sus dos aventuras amorosas están también vinculadas a un decorado fijo. Rodolphe es el castillo de la Huchette y Léon el Hôtel de Boulogne. Ambos lugares, en sus contrastes, insinúan los de los amantes: el castillo, en sus frías piedras, corredores desiertos y alcobas elegantes, el refinamiento, poderío, aristocratismo y espíritu calculador de aquél; el hotel, lugar de tránsito y refugio, la inestabilidad de Léon, sus costumbres y su mentalidad mesocráticas. En la realidad ficticia, por lo demás, hay dos castillos: el de la Huchette es una versión modesta del de la Vaubyessard. Pero, en cambio, Yonville, pese a su pequeñez, se da el lujo de tener dos albergues idénticos, con sus respectivos billares, situados uno frente al otro, y que, irreconciliables enemigos, se disputan a la reducida clientela local: al Lyon d'Or de la Viuda Lefrançois replica el Café Français de Tellier. Esta duplicación de los lugares hace que también haya dos granjas: la de Bertaux, donde ha nacido y pasado su infancia Emma, y la Maison Rolet, en las afueras de Yonville, donde es criada Berthe Bovary.

El sistema dual se puede también rastrear en la oposición campo/ciudad, que late en todo el libro; la simetría que rige a la novela hace que las descripciones estén rigurosamente equilibradas entre lo rural y lo urbano. Así, la célebre descripción de Rouen, según se presenta a la vista de Emma al llegar *L'Hirondelle* a lo alto de la cuesta que domina la ciudad, tiene su equivalente en la descripción, que abre la segunda parte, de la campiña situada en los confines de Normandía, Picardía y l'Île de France, donde se halla Yonville. Esta justicia distributiva en la descripción del campo y la ciudad quiere que Emma se entregue por primera vez a cada uno de sus amantes en uno y otro escenario: a Rodolphe en medio de la naturaleza, en una escena donde el narrador entrelaza la descripción del diálogo de la pareja con la de las plantas, los árboles, las flores y el cielo que los rodean, y a Léon, en las calles de una ciudad, en el curso de un episodio que es poco menos que un catastro de Rouen. Los decorados de las escenas que inauguran los adulterios de Emma corresponden a lo que son social y profesionalmente los amantes: Rodolphe, aristócrata agricultor, resabio feudal, hace el amor sobre las yerbas, cerca de los caballos, al aire libre; Léon, notario, producto nato de la urbe, de la burocracia, hace el amor en el centro de una ciudad.

Las parejas Tostes/Yonville, Yonville/Rouen, campo/ciudad son los escenarios donde ocurre objetivamente la acción. Pero hay otro binomio escenográfico, antitético también, que, aunque aparece sólo a ratos, tiene mucha significación, porque, al igual que lo vivido y lo escrito, encarna esa oposición básica del mundo ficticio entre realidad e ilusión. Se trata de la provincia y la capital. París no aparece en un plano objetivo, sino en uno subjetivo: a través de los mitos, invenciones, exageraciones con que resuena ese nombre lejano e inalcanzable para los provincianos. La provincia es la realidad; París, la ilusión a la que, en los comienzos de su matrimonio, para combatir el ahogo y la frustración nacientes, Emma se traslada imaginariamente con ayuda de un plano: cerrando los ojos, recorre los bulevares ideales, hace compras en las tiendas quiméricas, oye a su alrededor cómo trepidan las calesas oníricas sobre los adoquines y cómo titilan en las tinieblas los fantasmales faroles de gas. Y París es esa ciudad que la imaginación tópica de Homais convierte en una orgía de bailes de máscaras, donde las actrices beben champagne y hacen el amor con los estudiantes y donde éstos, predilectos del gran mundo, seducen a las opulentas damas de Saint-Germain que a veces los desposan; pero también es el peligroso territorio donde se puede perder la virtud y ser robado por delincuentes avezados. Para el doctor Canivet, que, a diferencia de Homais, odia el progreso, París es el sitio de donde vienen las «innovaciones infernales». París, en la realidad ficticia, no es un lugar físico sino mental, una creación de los provincianos donde éstos proyectan sus terrores y sus apetitos, es lo opuesto a la realidad donde transcurren sus vidas.

Si en los lugares las parejas son sobre todo antitéticas, los objetos dobles de la realidad ficticia, en cambio, suelen ser idénticos. Éste es el aspecto de la novela donde la crítica ha advertido más el sistema binario de *Madame Bovary*.* Pero, en general, los críticos, inconscientemente prejuiciados por el prurito de la fidelidad, reprochan a Flaubert su «manía» de la duplicación (la acusación es de Duchet). El sobreentendido es que, como en la realidad real esa dualidad sistemática no ocurre, tampoco debería ocurrir en la ficticia. Lo cierto es que si ésta fuera una mera fotografía de aquélla, no sería una obra de creación, sino de información. Es el *elemento añadido*, el reordenamiento de lo real, lo que da autonomía a un mundo novelesco y le permite competir críticamente con el mundo real. La duplicación de objetos —como la de escenarios, hechos o personajes— es una táctica encaminada a dotar a la realidad ficticia de cualidades propias, para emanciparla de su modelo.

En el exterior de las casas de Yonville, dos objetos iguales aparecen como divisas o adornos: «deux bocaux rouges et

---

* Véase, por ejemplo, Claudine Gothot-Mersch, *La Genèse de «Madame Bovary»*, París, José Corti, 1966, p. 266; Marie-Jeanne Durry, *op. cit*, p. 180, y, principalmente, Claude Duchet, «Roman et objets: l'exemple de *Madame Bovary*», en *Europe*, septiembre-octubre-noviembre, 1969, pp. 172-201.

verts» en la vitrina del farmacéutico Homais, «deux vases de fonte» en el pórtico del notario Guillaumin, «deux banderoles d'indienne» ante la tienda del mercader Lheureux y «deux tringles» en el cartel que anuncia la peluquería. Más sutiles son los dos pares de pantuflas eróticas que se deslizan en la historia: las primeras se las ha regalado Léon a Emma, y las segundas, también un «présent de l'amour», las calza el notario Guillaumin. Un mismo objeto puede aparecer dos veces, en circunstancias antagónicas, como el vestido de novia de Emma que, el día del cortejo nupcial, blanquea alegre en medio del campo como símbolo de las ilusiones de la muchacha, y que, años después, durante el velorio, le sirve de mortaja. Un objeto puede duplicarse por obra de la codicia, como las «deux caisses de voyage» que Lheureux le entrega a Emma a pesar de que ella le había pedido una sola, y un objeto de la misma clase inaugura y clausura una época: al llegar a Tostes, recién casada, Emma divisa el *bouquet* de novia de la primera mujer de Charles; lo último que hace, antes de partir a Yonville, es quemar su propio *bouquet* de novia que ha encontrado en un cajón, amarillento de polvo. Claude Duchet ha descubierto que en el capítulo de los comicios agrícolas el número *dos* aparece dieciocho veces, escoltando el diálogo amoroso de las «deux pauvres âmes» y que la duplicación se registra incluso en el estrado al que flanquean «deux longs ifs» y en el brindis de Homais «à l'industrie et aux beaux-arts, ces deux soeurs». La lista es interminable: en la chimenea del Hôtel de Boulogne destacan «deux de ces grandes coquilles roses où l'on entend le bruit de la mer»; la mesa del comedor del notario Guillaumin ostenta «deux réchauds d'argent» y en su corbata brillan «deux épingles de diamant»; las botas de Charles Bovary «avaient au cou-de-pied deux plis épais» y las del perceptor de impuestos Binet, a causa de sus juanetes, «avaient deux renflements parallèles»; también el dos sirve de marco a Emma cuando «elle restait accoudée sur le bord, entre deux pots de géranium» o con «le coude au bord de son assiette, entre les deux bougies qui brûlaient». Los objetos dobles pasarían como un mero azar si la duplicación no fuera también rasgo de otros dominios de la realidad ficticia. No se trata de una casualidad, sino de una fatalidad. En ese mundo todo tiende a ser de manera dual, en parejas cuyos miembros son afirmaciones o negaciones uno del otro.

Si de los sitios y las cosas pasamos a la historia, vemos que en ella se cumple igualmente la ley mágica del doble: los hechos tienden a repetirse. Emma tiene dos amantes, Charles dos mujeres y queda viudo ambas veces, Hippolyte sufre dos operaciones: la que le hace Bovary para enderezarle el pie y la de Canivet, cuando se le gangrena y deben amputárselo. Hay dos escenas de seducción a Emma, ambas construidas de idéntica manera: en una, las palabras amorosas de Rodolphe, durante los comicios agrícolas, se trenzan con las frases convencionales de los discursos; en la otra, en la catedral de Rouen, las palabras de Léon a Emma se entrelazan con la alabanza de las bellezas y curiosidades de la iglesia que hace el guía. El cortejo nupcial que inicia el matrimonio de los Bovary tiene una réplica en el cortejo fúnebre de Yonville que cierra la historia de la pareja. Hay dos bailes: el del castillo de la Vaubyessard y el baile de máscaras al que asisten Emma y Léon en Rouen y que es como una versión plebeya de aquella reunión aristocrática. Hay dos fiestas rurales, abundantes, verbosas y algo grotescas, que terminan en opíparas comilonas: las bodas de Emma y los comicios agrícolas. El suicidio de Madame Bovary tiene un precedente: por primera vez siente deseo de matarse y está a punto de hacerlo el día que recibe la carta de Rodolphe dándole pretextos para no huir con ella. Y hay dos muertes: una ilusoria y otra real. En la primera, Emma imagina que está muriendo, rodeada de flores, candelabros, oraciones, en un lecho cuidadosamente arreglado, igual que una heroína de novela romántica. La segunda, la real, contrasta brutalmente con aquélla: el veneno le produce dolores atroces y deforma sus facciones ante el desesperado Charles y los dos pobres diablos que asisten a la escena. De otro lado, el envenenamiento de Emma está anunciado por un envenenamiento ilusorio el día que Madame Bovary sorprende a Homais riñendo a Justin por haber cogido un recipiente del *capharnaüm* para el dulce de grosellas; el boticario, enfurecido, recuerda que el recipiente se hallaba cerca del arsénico y Madame Homais horrorizada piensa en una tragedia: toda la familia habría podido perecer. Los chiquillos entonces comienzan «à pousser des cris, comme s'ils avaient déjà senti dans leurs entrailles d'atroces douleurs»: esos rugidos los proferirá Emma cuando se envenene de verdad.

Un binomio célebre de la novela son los sueños paralelos de Emma y Charles, en los que la fantasía en libertad de cada uno va construyendo imágenes que reflejan sus diferencias abismales de ambición y de carácter. Mientras Charles imagina un futuro plácido, sedentario y doméstico, donde la felicidad vendría de la repetición de los mismos actos, y de graduales progresos materiales —Berthe crecería, se parecería cada vez más a su madre, sería una magnífica ama de casa, llevaría los mismos sombreros de paja que Emma y a lo lejos la gente las tomaría por hermanas, después encontraría un buen marido que la haría feliz—, Emma sueña con un futuro que significa una ruptura violenta con su vida presente, en el que no tienen sitio Yonville, Charles ni su hija. Su fantasía la lleva, con su amante, hacia lejanas comarcas llenas de color, donde a espléndidas ciudades de catedrales de mármol blanco y aguzados campanarios suceden bosques de limoneros, deliciosas aldeas de pescadores y una cabaña tropical rodeada de palmeras: el paisaje y el clima son allí tan torrenciales como la pasión. Cada sueño cobra su cabal significación gracias al otro: la esplendidez del de Emma pone al descubierto la chatura del de Charles, el egoísmo de aquélla se hace notorio debido a la absorbente presencia que la familia tiene en él, etcétera. En ningún otro binomio de la novela, el sentido simétrico que caracteriza a la realidad ficticia es tan estricto como en éste, en el que a cada sueño el narrador ha dedicado casi idéntico número de palabras.*

Se repiten las situaciones, los hechos, las imágenes y las formas (aunque los contenidos difieran). La llegada del doctor Canivet a Yonville para amputar la pierna a Hippolyte prefigura la del doctor Larivière cuando está agonizando Emma: en ambos casos la venida del galeno es un acontecimiento que provoca la agitación, la curiosidad admirativa de los vecinos, y en ambos los doctores dan una impresión de ímpetu, de dominio, de superioridad, como si vinieran a tomar posesión del lugar más que a curar un paciente. Se repiten los gestos: en su última entrevista, Emma y Rodolphe quedan un rato con los dedos entrelazados; sin duda estuvieron así muchas veces durante sus amores, pero el narrador especifica que este gesto es repetición exacta de otro, *el del primer día:* «Comme le premier jour, aux Comices!». Así, su relación se estrena y se clausura con una misma imagen: dos manos enlazadas. El viejo Rouault pierde dos veces a Emma y ambas provocan en él una acción idéntica. Cuando Emma se casa, el viejo acompaña a los recién casados un trecho de camino. Se despide, inicia el regreso, pero al llegar a la cumbre de una loma —en el camino de Saint-Victor— se vuelve para verlos desaparecer a lo lejos y llora. Hace exactamente lo mismo al retirarse de Yonville, donde ha ido a enterrar a su hija. El narrador subraya el carácter repetitivo del episodio: «Mais, quand il fut au haut de la côte, il se détourna, comme autrefois il s'était détourné sur le chemin de Saint-Victor, en se séparant d'elle». El matrimonio y la muerte de Emma culminan en su caso en dos posturas gemelas: el viejo escrutando un paisaje, desde lo alto de una cuesta, con los ojos llenos de lágrimas y el corazón encogido de melancolía. Aquí una persona hace dos veces lo mismo; hay casos en que un hecho es realizado dos veces por diferentes personas. Charles encuen-

---

* Por lo menos, de líneas: treinta a cada cual en la edición Garnier.

tra la carta de ruptura de Rodolphe en el granero, el mismo sitio donde Emma corrió a refugiarse el día que la recibió, y queda tan espantado y lívido como ella, años atrás: «Et Charles demeura tout immobile et béant à cette même place où jadis, encore plus pâle que lui, Emma, désespérée, avait voulu mourir».

Una forma del sistema binario de la realidad ficticia es la duplicidad, la capacidad de los personajes de ser dos seres distintos al mismo tiempo sin que los otros lo noten. No es prerrogativa de algunos sino de todos. Hombres y mujeres, en determinadas circunstancias, ante ciertos estímulos, se desdoblan. No siempre lo hacen de manera premeditada, para disimular sus sentimientos a los demás; a veces, esta partenogénesis invisible sucede de manera espontánea, como le ocurre a Charles la primera vez que visita la granja de Bertaux. Es el amanecer, el oficial de sanidad va adormecido sobre su cabalgadura, y, de pronto, entresueña que es dos Charles a la vez, que vive dos situaciones y dos tiempos al mismo tiempo. Se ve «doble»: «... lui-même se percevait double, à la fois étudiant et marié, couché dans son lit comme tout à l'heure, traversant une salle d'opérés comme autrefois. L'odeur chaude des cataplasmes se mêlait dans sa tête à la verte odeur de la rosée; il entendait rouler sur leur tringle les anneaux de fer des lits et sa femme dormir...». Esta duplicación es aquí ilusoria, ocurre en un espíritu soñoliento. Algún tiempo después, Charles se va a transformar en una conducta y un corazón que se repelen uno a otro. Heloïse Bovary, olfateando el peligro, le prohíbe que vuelva a la granja de los Rouault y el oficial de sanidad obedece. Pero al mismo tiempo que deja de ver a Emma comienza a amarla, a verla imaginariamente: «la hardiesse de son désir protesta contre la servilité de sa conduite, et, par une sorte d'hypocrisie naïve, il estima que cette défense de la voir était pour lui comme un droit de l'aimer». Esta incongruencia, que una persona sea cuando actúa lo opuesto de lo que es cuando siente y piensa (hemos visto el ejemplo de Rodolphe, al escribir la carta de ruptura) —es decir, que sea dos personas, una para sí misma y otra para los demás—, es un motivo recurrente de la novela. Cuando Emma descubre que está enamoràda de Léon, en sus comienzos en Yonville, su reacción inmediata es convertirse en la esposa modelo ante todos, incluido el propio Léon (y es al ver esa dama hacendosa, sencilla, amable, satisfecha, que Homais pronuncia su memorable sentencia: «C'est une femme de grands moyens et qui ne serait pas déplacée dans une sous-préfecture»); nadie —salvo ella y el lector— sabe que, bajo esa apariencia de perfección y felicidad doméstica, se agazapa una mujer «pleine de convoitises, de rage, de haine». Toda la vida futura de Emma, a partir de esta época, transcurre bajo el signo de la duplicidad; hasta su muerte habrá siempre dos Emmas: la que conocen Charles y los vecinos de Yonville, y la que conocen ella misma, y, por períodos, Léon, Rodolphe, Lheureux.

La duplicidad puede ser compartida, una operación mediante la cual dos personas se duplican para, de un lado, salvar las apariencias y, de otro, realizar sus deseos. Es lo que pasa la primera vez que Léon y Emma están solos; sus palabras tejen un diálogo banal, mientras que sus ojos, sus mentes y sus corazones mantienen el verdadero diálogo: «N'avaient-ils rien d'autre chose à se dire? Leurs yeux pourtant étaient pleins d'une causerie plus sérieuse; et, tandis qu'ils s'efforçaient à trouver des phrases banales, ils sentaient une même langueur les envahir tous les deux; c'était comme un murmure de l'âme, profond, continu, qui dominait celui des voix». Esta división del ser humano, para satisfacer sus deseos sin violar las convenciones sociales, es algo que realizan los personajes de modo instintivo; sólo Rodolphe da un fundamento teórico a la duplicidad. Hay, según él, dos morales. Una, la de los mediocres, pequeña y mezquina, y otra, para ciertos elegidos, que autoriza todas las libertades y excesos: «La petite, la convenue, celle des hommes, celle qui varie sans cesse et qui braille si fort,

161

s'agite en bas, terre à terre, comme ce rassemblement d'imbéciles que vous voyez. Mais l'autre, l'éternelle, elle est tout autour et au-dessus, comme le paysage qui nous environne et le ciel bleu qui nous éclaire». En realidad, Rodolphe es un cínico y está desarrollando aquí su método de seducción; sin duda no cree demasiado en esa moral superior; Emma, en cambio, sí.

El tema del doble en general y el de la duplicidad en particular no es gratuito. Tiene probablemente su origen en el desdoblamiento constante que la vocación narrativa trae implícito. Quien la asume, de un lado, vive las experiencias igual que los demás; de otro, las observa y aprovecha. Lo cual hace que esté y no esté identificado con esas experiencias, que sea, mientras vive, alguien que toma distancia con lo que vive, y, mientras escribe, alguien que trata desesperadamente de revivir lo vivido para *mentirlo* mejor. Esta dualidad explica sin duda que los temas del doble y de la duplicidad sean permanentes en la narrativa, y algo semejante ocurre con la marginalidad, tema en que el novelista proyecta la condición social que le impone su vocación. Flaubert dijo muchas veces que había en él dos personas. No sólo hablaba de las dos tendencias literarias de su vocación —la lírica y romántica, ávida de historia y exotismo, y la realista y contemporánea—, sino de las personas distintas que eran en él el hombre que vivía y el que creaba. Así respondió a Louise Colet una vez que ella le reprochó haber escrito a Eulalie Foucaud: «Tu me dis que j'ai aimé sérieusement cette femme. Cela n'est pas vrai. Seulement, quand je lui écrivais, avec la faculté que j'ai de m'émouvoir par la plume, je prenais mon sujet au sérieux; mais *seulement pendant que j'écrivais*. Beaucoup des choses qui me laissent froid, ou quand je les vois, ou quand d'autres en parlent, m'enthousiasment, m'irritent, me blessent si j'en parle, et surtout si j'écris».[*] Seis años más tarde, le repite la misma idea: «Oui, c'est une étrange chose que la plume

---

[*] Carta del 8 de octubre de 1846. El subrayado es de Flaubert.

d'un côté et l'individu de l'autre» (carta a Louise, del 27 de julio de 1852).

También entre los personajes se ve la predisposición de la realidad ficticia al dualismo. Se suelen dar por pares que sugieren la cristalización de una misma esencia en dos personas distintas. Es el caso de los suegros, los padres respectivos de Emma y de Charles: son los varones más simpáticos de la historia, los menos turbios, los más consecuentes en su manera de vivir. El botarate y jaranista Monsieur Bovary es un ser fresco y risueño, falto de cálculo y de doblez, muy semejante, en un plano moral, al bonachón y simple *père* Rouault. Ambos consuegros escapan, cada uno a su manera, a esas dos maldiciones a las que sucumben casi todos los habitantes de la sociedad ficticia: la mentira y la estupidez. Los dos médicos de la historia (Charles es sólo un oficial de sanidad), el doctor Canivet y el doctor Larivière, tienen mucho en común, aunque el segundo sea más prestigioso que su colega: el aire superior y arrogante con que llegan a Yonville y tratan a los vecinos, su seguridad granítica, su frialdad profesional que roza lo inhumano, su excelente apetito. Emma tiene dos amantes reales, pero, si se examina con atención su vida sentimental, se advierte que las etapas de que se compone están ocupadas por binomios o parejas, en las que el amante verdadero tiene una yunta o complemento ilusorio, una figura ideal a la que Emma lo asocia: en la primera etapa de Yonville, Léon se vincula en el espíritu de Emma a la figura ya lejana y algo mítica del vizconde del castillo de la Vaubyessard, y este personaje ronda también en su cabeza cuando se inicia su romance con Rodolphe; en la tercera etapa, cuando reencuentra al pasante de notario en la ópera de Rouen, Emma fantasea románticamente con la figura del tenor Lagardy y la relaciona con Léon como, antes, el vizconde. Es como si Emma, para amar a un hombre concreto, necesitara el estímulo inicial de un hombre ilusorio —aunque el vizconde y el tenor existen, Emma les atribuye una vida puramente imaginaria— del que ellos deberían ser una materialización (que no lo sean es su eterna derrota).

Pero el mejor ejemplo de esta naturaleza binaria de lo ficticio es, claro, el tándem Homais-Bournisien. Son inseparables, expresiones simétricas y equivalentes del sectarismo ideológico y del conformismo espiritual. El farmacéutico repite los dogmas positivistas, mediante las fórmulas más rudimentarias y los argumentos más manidos, sin aportar a esa filosofía la más mínima contribución personal, exactamente como el abate vierte los dogmas católicos a través de clisés y ejemplos burdos. Ambos, aunque profesen ideologías aparentemente opuestas, han hecho algo idéntico: un acto de fe cómodo que los exime de pensar por cuenta propia, que los provee de respuestas simples y esquemáticas para todas las circunstancias, se han sumergido en el mar de la autocomplacencia, y ambos, en el fondo, en su deísmo o materialismo, representan una misma forma de abdicación humana. Los dos encarnan la peor muestra de la *bêtise* flaubertiana: la intelectual. Se ha dicho, con cierta base, que, en Homais y en Bournisien, Flaubert parodió las dos ideologías que coexistieron en el seno de su familia: el cientismo laico y volteriano de su padre y el catolicismo materno, y que lo hizo desde el punto de vista, igualmente crítico para ambas, que era el suyo, el del escepticismo. Lo cierto es que Homais y Bournisien son las dos caras de una sola moneda, y ello está magistralmente teatralizado en el capítulo de la muerte de Emma, cuando, como dos figurillas movidas por el mismo titiritero, roncan sincrónicamente junto al cadáver, o, según su particular ideología, uno riega agua bendita por la habitación para espantar a los demonios mientras el otro echa cloro para exterminar a los microbios.

PERO EL *elemento añadido* no procede exclusivamente del tema y los personajes; también de la manera como la historia es narrada. Las distancias que hemos advertido en la realidad ficticia respecto de la real —las cosas humanizadas y los hombres cosificados, las mujeres hombres y los hombres mujeres, la ley mágica de la dualidad— contribuyen a configurar su autonomía; aún más decisivo para ella es la forma. Dos problemas debe resolver toda novela que no pretenda abolir la historia: la temporalización y el punto de vista. La masa de hechos, personas, lugares, emociones, deben tener un orden de presentación, constituir una cronología. La estructura temporal de una novela es siempre factor principal del *elemento añadido,* porque el tiempo ficticio no es jamás idéntico al real (aun cuando sólo fuera porque la cronología *leída* tiene un tiempo variable, que depende de la aptitud y voluntad de cada lector). De otro lado, los datos que conforman la realidad ficticia no proliferan espontáneamente: son contados por alguien. Esta existencia fatídica en toda ficción, el narrador, no sólo es responsable del tiempo ficticio —la colocación de los datos— sino también de las palabras que describen los lugares y las cosas y las que dicen las personas, es quien establece el método de formulación de los datos de la historia —presentándolos, ocultándolos, relacionándolos entre sí— y la índole de estos datos. Visible o invisible, uno o múltiple, fidedigno o tramposo, el narrador con sus actitudes —los puntos de vista de una novela— impone características propias a la realidad ficticia.

La cronología y la palabra, el tiempo y el narrador, son, naturalmente, una indestructible unidad; su separación es artificial, pero no hay otra manera de mostrar cómo funciona *la pesada y complicada máquina* que permite a una ficción dar la ilusión de la verdad, fingir la vida.

II. LOS CUATRO TIEMPOS DE *MADAME BOVARY*

EL TIEMPO no es en *Madame Bovary* una fluencia homogénea donde los acontecimientos se suceden de manera pausada e irreversible, como las aguas de un río que el lector vería desfilar ante sus ojos sin cambiar nunca de velocidad. Es, más bien, un discurrir heterogéneo, que, aunque constituye una progresión —un antes, un ahora y un después—, consta de movimientos e inmovilidades, de giros en redondo, de cambios de naturaleza, que hacen que los hechos y personas de la realidad ficticia tengan distintos grados de certidumbre según aparezcan en uno u otro de los cuatro planos que integran el sistema temporal de la novela. Sartre distingue dos tipos de duración en *Madame Bovary:* «Ce sera un des charmes singuliers et inimitables de *Madame Bovary* que de nous présenter simultanément les deux durées, l'une vécue dans sa lenteur répétitive, dans son ennuyeuse langueur, l'autre tout oraculaire mais cachée, temporalisation théatrale sous-tendant la temporalisation romanesque et qui, se manifestant de temps à autre par des intersignes, nous révèle, en ces instants de foudre, qu'Emma court à sa perte et s'acharne à réaliser son destin de damnée».* Es exacto: la novela alterna períodos de

---

* Jean-Paul Sartre, *op. cit.,* vol. I, p. 781.

desenvolvimiento sosegado, de lenta sucesión de hechos menudos, con bruscas aceleraciones, donde, en pocas líneas, la acción se condensa, precipita, multiplica en un hecho desmesurado, para luego tornar otra vez a esa tranquila, metódica periodicidad. Pero estos hechos, aunque tienen distinta duración —por ejemplo los abundantes viajes de Emma a Rouen y el instante en que traga el arsénico—, pertenecen a un solo plano temporal, constituyen un mismo tiempo aunque su importancia sea distinta. Los cuatro planos temporales a que yo me refiero establecen entre los datos de la historia una división que no es de durabilidad sino de sustancia, y a las mudas que opera el narrador, trasladando el relato de uno a otro plano, debe en buena parte su complejidad el mundo ficticio. Que haya cuatro planos temporales no significa, desde luego, que las fronteras entre ellos sean nítidas. El narrador disimula esos tránsitos, el lector apenas es consciente de la rotación continua de la materia narrativa. Sólo registra las consecuencias de esas mudas: la densidad y ambigüedad que impregnan a las acciones, el personalísimo movimiento que infligen a la historia. Es importante que el narrador haya tenido la astucia de crear cuatro tiempos distintos, pero lo es más aún la manera como ha distribuido en ellos la materia narrativa para edificar la realidad ficticia.

Un tiempo singular o específico

VEAMOS LOS hechos que inauguran y clausuran la historia. Esto es lo primero que cuenta el narrador:

> Nous étions à l'Étude, quand le Proviseur entra, suivi d'un *nouveau* habillé en bourgeois et d'un garçon de classe qui portait un grand pupitre. Ceux qui dormaient se réveillèrent, et chacun se leva comme surpris dans son travail.

Y esto lo último (se refiere a Homais):

Il vient de recevoir la croix d'honneur.

Ante todo, no existe la menor duda sobre la realidad de estos hechos. El narrador no vacila lo más mínimo, es categórico en sus revelaciones. En la inicial, vemos abrirse la puerta de una clase, entrar al director seguido de un alumno nuevo y de un bedel cargando un pupitre, a los muchachos que se incorporan fingiendo haber sido sorprendidos en sus tareas. Y en la final, la misma seguridad: el farmacéutico de Yonville ha obtenido —en un pasado muy próximo a ese presente en que se sitúa el narrador— la condecoración que ambicionaba, la «croix d'honneur» destella ahora sobre ese pecho vanidoso. Además de ciertos y ocurridos en dos momentos distintos de un pasado —el primero remoto y el segundo inmediato—, respecto del tiempo en que se ha colocado el narrador, en ambos casos se trata de hechos sobre cuya singularidad y soberanía no cabe discusión: han sucedido, ocuparon un instante concreto y transitorio del curso del tiempo, consistieron en una determinada conjunción de gestos, actitudes y movimientos irrepetibles, dejaron de ocurrir y ahora están allí, inconfundibles, fijados en el desarrollo de la historia, con su colorido, volumen, solidez, valencia anecdótica, significación moral y su variada gama de vínculos con los otros hechos de la novela. Nadie puede cuestionar su verdad, su originalidad, su unicidad ni su ubicación en la cronología ficticia. Existen en un nivel objetivo de realidad, no dependen de la subjetividad de los personajes, ambos significan acción y presuponen un transcurrir, una cadena ordenada y progresiva de sucesos en la cual fueron, primero, nada, una posibilidad futura, luego un presente que se concretaba en ellos, y, después, un recuerdo que dura, un pasado que se aleja.

Un importante número de hechos en *Madame Bovary* aparecen, como estos dos ejemplos, con las características de objetividad, especificidad, movilidad y transitoriedad. Constituyen el *tiempo singular o específico* de la realidad ficticia y se reconoce que el relato se sitúa en este plano cuando el narrador usa, para referirlo, el pretérito indefinido (o formas perifrásticas equivalentes: «Acaba de recibir la legión de honor» es lo mismo que «Recibió la legión de honor hace poco»). Cuando el narrador emplea este tiempo gramatical, la novela alcanza su mayor dinamismo y agilidad, porque es el tiempo privilegiado de la acción y el movimiento; en él están narrados, sobre todo, los sucesos que hacen progresar la historia, los tránsitos, las mudanzas episódicas. Lo forman primordialmente quehaceres humanos, y también percepciones y sensaciones que el narrador quiere destacar por su excepcionalidad y su carácter instantáneo. Integran este plano temporal las sorpresas de la novela, acontecimientos concretos como matrimonios, muertes, operaciones, adulterios, espectáculos, hechos menudos como los desplazamientos precisos de un personaje de uno a otro lugar, y sus reacciones súbitas ante ciertos estímulos; también los diálogos que ponen al descubierto elementos nuevos y algunas escasas referencias al paisaje y a objetos que no constituyen escenario permanente, sino presencias accidentales, furtivas, efímeras. Cuando la materia narrativa está en este plano temporal la realidad ficticia se halla en un estado de máxima animación y efervescencia anecdótica, es actividad, por lo general exterioridad, acción humana e «historia» en el sentido de que aquello que el narrador narra ha ocurrido así, una sola vez, y no volverá a ocurrir.

El tiempo circular o la repetición

INTERCALADOS CON los hechos singulares el narrador relata otros, que se diferencian esencialmente de aquéllos por su carácter repetitivo y una naturaleza que podríamos llamar abstracta. Se trata de escenas que no exhiben una acción específica sino una actividad serial, reincidente, un hábito, una costumbre. He aquí, por ejemplo, cómo suelen terminar las jornadas de Charles, durante la estancia de la pareja Bovary en Tostes:

> Il rentrait tard, à dix heures, minuit quelquefois. Alors il demandait à manger, et, comme la bonne était couchée, c'était Emma qui le servait. Il retirait sa redingote pour dîner plus à son aise. Il disait les uns après les autres tous les gens qu'il avait rencontrés, les villages où il avait été, les ordonnances qu'il avait écrites, et satisfait de lui-même, il mangeait le reste du miroton, épluchait son fromage, croquait une pomme, vidait sa carafe, puis s'allait mettre au lit, se couchait sur le dos et ronflait.

En el caso anterior, el tiempo narrativo era una progresión en línea recta; en éste, un movimiento en redondo. La historia se mueve pero no avanza, gira sobre el sitio, es repetición. La diferencia entre este párrafo y los que cité como ejemplos de *tiempo singular o específico* es que en la llegada de Charles Bovary al colegio y en la condecoración de Homais había identidad total entre lo sucedido y lo relatado, el hecho ocurrido era el hecho narrado y viceversa. En cambio aquí se ha abierto un espacio entre ambos: hay vínculos entre lo que sucede y lo que se cuenta pero se trata de cosas diferentes. Lo sucedido son muchas noches, a lo largo de semanas y meses, en las que Charles, luego de visitar a sus pacientes, retornaba a su hogar, cenaba y se metía a la cama. Cada una de esas noches fue un hecho particular y único, con ciertas características intransferibles —el distinto menú, la distinta ropa que se quitó, las distintas palabras que usó para referir la jornada a su mujer, los distintos gestos, el distinto número de bostezos de cada vez—, pero esas particularidades y diferencias han desaparecido en el relato. El narrador, en vez de describirlas una por una, las ha resumido en una escena arquetípica, que no es ninguna de las ocurridas pero que las condensa y simboliza a todas. Para componer esa escena-resumen ha hecho abstracción de lo particular y ha referido lo general, los rasgos comunes y permanentes de esa suma de noches. Entre lo vivido por los personajes y lo narrado por el narrador ya no hay coincidencia absoluta sino relativa: el texto refleja ahora los hechos de manera incierta, no es su retrato fiel, sino una pintura que se inspira en ellos para crear sus propias imágenes.

El tiempo verbal típico de este plano es el imperfecto del indicativo. Muchos críticos, empezando por Thibaudet, piensan que es el tiempo flaubertiano por excelencia, en el que narraba con más comodidad y al que supo sacar mejor partido. Le dio una flexibilidad extraordinaria, una diversidad de funciones que no había tenido antes en la novela. Episodios enteros de *Madame Bovary* están relatados según este sistema de abstracciones que permite reducir a un mínimo de palabras un máximo de hechos, sintetizar una larga serie de acciones en una sola, dando, al mismo tiempo, la idea de la duración, de la recurrencia, del avance de la historia. Los tres días de amor que pasan Emma y Léon en Rouen —tercera parte, capítulo III— están casi exclusivamente narrados en este *tiempo circular:*

Ils se plaçaient dans la salle basse d'un cabaret, qui avait à sa porte des filets noirs suspendus. Ils mangeaient de la friture d'éperlans, de la crème et des cerises. Ils se couchaient sur l'herbe; ils s'embrassaient à l'écart sous les peupliers; et ils auraient voulu, comme deux Robinsons, vivre perpétuellement dans ce petit endroit, qui leur semblait, en leur béatitude, le plus magnifique de la terre. Ce n'était pas la première fois qu'ils apercevaient des arbres, du ciel bleu, du gazon, qu'ils entendaient l'eau couler et la brise soufflant dans le feuillage; mais ils n'avaient sans doute jamais admiré tout cela, comme si la nature n'existait pas auparavant, ou qu'elle n'eût commencé à être belle que depuis l'assouvissance de leurs désirs.

Lo que el narrador describe es algo genérico y no específico, plural y no singular: imágenes que resumen acciones repetidas varias veces por los amantes hasta constituir una cierta rutina, y que, más tarde, en su memoria, serán sin duda el balance gráfico ideal de esos tres días plenos.

Así, lo que el narrador cuenta ha ocurrido y no ha ocurrido: son compendios, cifras, esencias de actos. La materia narrada en este plano temporal no es objetiva, como la del plano temporal específico, sino objetiva y subjetiva al mismo tiempo: tiene los pies apoyados en el mundo objetivo, es en el fondo «historia», pues su punto de partida son siempre hechos ocurridos, pero la mitad superior de su cuerpo es puramente subjetivo, una interpretación que hace el propio narrador al abstraer en una imagen los rasgos familiares de una serie de hechos y excluir los elementos diferenciales de cada unidad. Lo que se narra indudablemente sucedió: pero no es seguro que sucediera siempre así; lo único evidente es que sucedió varias veces, consistió en una suma de actos similares de los cuales lo narrado es una especie de emblema. Cuando digo hechos restrinjo la verdad; el narrador describe también en este plano sentimientos, pensamientos, y en el ejemplo —los tres días de Emma y Léon en Rouen— se ve la libertad con que franquea los límites del mundo exterior y del interior, la soltura con que narra, dentro del mismo movimiento circular, lo que la pareja hacía y sentía.

Este tiempo circular o repetido es el de la reflexión, el de los estados de ánimo, el que modela las psicologías de los personajes, las motivaciones que van luego a precipitar los hechos bruscos, el de los minuciosos procesos de la vida rutinaria, social o familiar, en contraste con los cuales tendrán un carácter todavía más llamativo los hechos excepcionales, únicos y efímeros del plano singular. Éste es el plano del aburrimiento y de la monotonía, de lo previsible, de lo social (en tanto que el anterior era sobre todo el de lo individual), y gracias a este plano la realidad ficticia tiene su particular duración, reposada, cadenciosa, mayestática, y alcanza su formidable extensividad, pues las imágenes de tiempo circular permiten al narrador multiplicar la materia —cada hecho narrado representa muchos hechos acaecidos— sin multiplicar las palabras. Éste es el tiempo de los lugares y los objetos permanentes, de aquel paisaje rural, urbano y doméstico que tiene estabilidad pues encuadra muchas acciones o acciones que se prolongan.

Donde la realidad ficticia está más admirablemente descrita en este tiempo circular —toda ella da la impresión de un lento y poderoso remolino, de un incesante flujo en redondo— es en la relación de los meses que duran los amores de Emma y Léon (tercera parte, capítulo V). Emma iba a ver a Léon los jueves, con el pretexto de unas lecciones de piano; pasaba el día con él en Rouen y al anochecer regresaba a Yonville. El narrador reduce a un jueves ideal —jueves-patrón o jueves-matriz— esas decenas de viajes hechos por Emma para pasar el día con su amante, e incorpora a esta jornada abstracta, testaferro de las otras, incluso incidentes mínimos, como los gestos mecánicos que realizaba Emma al llegar la diligencia de Hivert a la barrera de la ciudad: «Emma débouclait ses socques, mettait d'autres gants, rajustait son châle, et, vingt pas plus loin, elle sortait de *l'Hirondelle*». Tampoco los diálogos han sido omitidos; el narrador simboliza en un ferviente cambio de palabras las miles de cosas que debieron decirse los amantes en esos encuentros semanales:

Elle se penchait vers lui et murmurait, comme suffoquée d'enivrement:
—Oh! ne bouge pas! ne parle pas! regarde moi! Il sort de tes yeux quelque chose de si doux, qui me fait tant de bien!

Elle l'appelait enfant:
—Enfant, m'aimes-tu?

El lector no tiene ninguna certeza de que alguna vez haya ocurrido una escena idéntica, compuesta de los mismos gestos y de las mismas palabras, pero comprende que, muchas veces, en el cuarto del Hôtel de Boulogne, ha habido escenas aproximadas, donde se han dicho cosas por el estilo y hecho gestos equivalentes. El narrador ha conseguido de este modo varias cosas a la vez: relativizar lo narrado, imprimirle una incertidumbre especial, una naturaleza algo misteriosa —pues las imágenes toman distancia de lo que representan, ya no sirven a las cosas sino se sirven de ellas— y sugerir una idea de permanencia en movimiento, de movimiento estático. Todo ello refuerza la originalidad del mundo ficticio.

Cuando el narrador se pone en este plano, entre lo narrado y lo ocurrido se establece una relación semejante a la que existe entre la realidad real y la ficticia. Así como ésta no es reflejo servil sino una imagen que, aunque forjada con materiales tomados de aquélla, constituye una entidad autónoma, así la palabra del narrador en los momentos de tiempo repetido es una entidad verbal que, aunque se nutre de la materia ficticia, hace algo más que relatarla: existe también como realidad distinta.

El tiempo inmóvil o la eternidad plástica

HAY OTROS momentos de la realidad ficticia en que el tiempo no es ni lineal y rápido, ni lento y circular, sino parece haberse volatilizado. La acción desaparece, hombres, cosas, lugares quedan inmóviles y como sustraídos a la pesadilla de la cronología, viven un instante eterno. La realidad ficticia mostrada en este plano es exterioridad, forma, perspectiva, textura, color: una presencia plástica, un cuerpo que sólo existe para ser contemplado.

Su tiempo gramatical es el presente de indicativo y su mejor ejemplo las páginas que, al iniciar la segunda parte, describen Yonville:

> Au bas de la côte, après le pont, commence une chausée plantée de jeunes trembles, qui vous mène en droite ligne jusqu'aux premières maisons du pays. Elles sont encloses de haies, au milieu de cours pleines de bâtiments épars, pressoirs, charretteries et bouilleries, disséminés sous les arbres touffus portant des échelles, des gaules ou des faux accrochées dans leur branchage. Les toits de chaume, comme des bonnets de fourrure rabattus sur des yeux, descendent jusqu'au tiers à peu près des fenêtres basses, dont les gros verres bombés sont garnis d'un noeud dans le milieu, à la façon des culs de bouteilles...

Nada se mueve, no corre el tiempo, todo es materia y espacio como en un cuadro. Cuando los hombres son descritos en este plano temporal, pasan a ser una postura, una mueca, un ademán sorprendidos por el lente de una cámara fotográfica, y la realidad ficticia se convierte en uno de esos decorados que habitan las figurillas rígidas de los museos de cera. En el castillo de la Vaubyessard Emma sorprende, al pasar frente a una sala, esta imagen: «Emma vit autour du jeu des hommes à figure grave, le menton posé sur de hautes cravates, décorés tous, et qui souriaient silencieusement, en poussant leur queue. Sur la boiserie sombre du lambris, de grands cadres dorés portaient, au bas de leur bordure, des noms écrits en lettres noires». Una misma sustancia parece dar cuerpo a los cuadros dorados, a las letras negras y a los pétreos caballeros condecorados que, con las quijadas hundidas en las corbatas y una sonrisa helada en los labios, han sido detenidos por

175

la descripción en esa pose teatral, inquietante y grotesca, cuando se disponían a golpear las bolas con los tacos. En este caso, la operación de congelación la lleva a cabo un personaje: los ojos de Emma captan la escena y la eternizan, arrancan al flujo del tiempo a esos jugadores, tornándolos un grupo plástico. En muchos otros momentos es el propio narrador quien interrumpe el curso de la acción, instala a los personajes en una actitud dada e, igual que el pintor con su modelo, los mantiene estáticos, posando, mientras los pinta: «Elle [Emma] décousait la doublure d'une robe, dont les bribes s'éparpillaient autour d'elle; la mère Bovary, sans lever les yeux, faisait crier ses ciseaux, et Charles, avec ses pantoufles de lisière et sa vieille redingote brune qui lui servait de robe de chambre, restait les deux mains dans ses poches et ne parlait pas non plus; près d'eux, Berthe, en petit tablier blanc, raclait avec sa pelle le sable des allées». El imperfecto equivale en este ejemplo, como en el anterior, a un presente: esas figurillas, mientras dura la descripción, son esas actitudes fijas, esa relación de armonía, cuidadosa disposición y distancia que las separa, el silencio que las baña. Los personajes, como los de un retrato familiar de interior flamenco, no están, son así: su presencia es su esencia.

Este plano temporal es el de la descripción, el de las cosas, el del mundo exterior, el que da a la novela su espesor físico, esa materialidad con que inevitablemente asociamos el nombre de Flaubert. Cuando la realidad ficticia es tiempo inmóvil, la voz humana desaparece, y también la intimidad, los pensamientos y los sentimientos: la vida se torna muda y estatuaria, inacción y plasticidad. La palabra tiende a ser puramente informativa, a desvanecerse en el objeto, y, al mismo tiempo que una voluntad de precisión y exactitud, brota en ella una proclividad absorbente por lo visual y por lo táctil. Este tiempo es, por excelencia, el del narrador: él actúa como intermediario principal entre la realidad ficticia y el lector, él, convertido en unos ojos ávidos y petrificadores y unas palabras que hacen las veces de pinceles, asume casi enteramente la responsabilidad de trazar las formas y desvelar los contenidos. En los planos específico y circular, la realidad ficticia va siendo descrita casi siempre a través de la conducta de unos personajes; en este plano el narrador asume directamente esa misión.

Este tiempo inmóvil es también el de la «filosofía» de la realidad ficticia —que reseñaré en el capítulo siguiente—, es decir, aquellos principios de orden ético, histórico o metafísico, que, estipulados directamente por el narrador, existen de modo intemporal, son unos presupuestos fatídicos que escapan a las contingencias de evolución y cambio de la realidad ficticia.

El tiempo imaginario

EN LOS tres planos temporales anteriores se puede advertir una progresión gradual del movimiento al reposo, de lo dinámico a lo estático. Al rotar por cada uno de ellos, la materia narrativa ha sido, sucesivamente, una acción rauda y evidente, un quehacer calmado y relativo, y, por fin, una inmovilidad teatral y plástica. Ahora va a ser una irrealidad. En aquellos tres planos había algo común: los hechos, objetos y lugares descritos gozaban de una existencia total o parcialmente objetiva, vivían por sí mismos, habían ocurrido, ocupaban un espacio en la realidad ficticia. Pero hay otro plano en la novela compuesto de personas, cosas y sitios cuya existencia es únicamente subjetiva. No se hallan inmersos en la cronología ficticia, no padecen como los otros la ley terrible de la duración, no ocupan el espacio concreto: su reino no es histórico sino imaginario. Existen en la fantasía de los personajes; son seres soñados o inventados, hijos de la ambición, de la curiosidad, de la frustración, y, a veces, del terror, como cuando Homais «entrevit des culs-de-basse-fosse, sa famille en pleurs, la pharmacie vendue, tous les bocaux disséminés...». Sólo él (además del lector) entrevé esas catástrofes que no han sucedido ni sucederán fuera de la conciencia asustada del farmacéutico, el día que lo convoca la magistratura de Rouen para reprenderlo por ejercer la medicina sin tener diploma de médico. Esos calabozos subterráneos, esos llantos desconsolados, esa empresa profesional destruida tienen una naturaleza distinta de los hechos y personas de los ejemplos anteriores, porque su ser es un parásito de Homais y porque no expresan lo que son ellos mismos sino lo que él es: su mala conciencia, su fantasía que trabaja siempre a partir de tópicos.

Éste es el tiempo de los personajes, patrimonio y responsabilidad exclusivamente suyos. Cuando la materia es descrita en este plano el narrador alcanza su máximo alejamiento, su mayor invisibilidad. Es el tiempo del sueño y de la pesadilla, el de la intimidad, el del deseo insatisfecho (como cuando Rodolphe, que acaba de conocer a Emma, elucubra lo que debe ser la vida de ella y las posibilidades que tiene de seducirla: «Tandis qu'il trottine à ses malades, elle reste à ravauder des chaussettes. Et on s'ennuie! on voudrait habiter la ville, danser la polka tous les soirs! Pauvre petite femme! Ça bâille après l'amour, comme une carpe après l'eau sur une table de cuisine. Avec trois mots de galanterie, cela vous adorerait, j'en suis sûr! ce serait tendre! charmant!»); es el tiempo de la quimera, el que permite conocer, por las imágenes que crean, la cultura, la inteligencia y, sobre todo, la inventiva de los personajes, la manera como, a partir de lo real, construyen lo irreal. Los hechos y cosas que conforman este plano no son gratuitos, no cumplen una mera función pintoresca. En esta historia cuya columna vertebral es la pugna entre ilusión y realidad, ellos representan una de las fuerzas en combate, la que al final es derrotada. No se piense que, como es Emma quien vive más intensamente la irrealidad ficticia, sea su fantasía únicamente la que puebla este plano temporal con bellas inexistencias. Es la principal hacedora de lo imaginario en

178

Madame Bovary, sin duda, pero también Homais es un activo fabricante de mitos, e incluso Léon, en su juventud, cuando fantaseaba en Yonville sobre ese París legendario del que oía a lo lejos «la fanfare de ses bals masqués avec le rire de ses grisettes»: «Il se meubla, dans sa tête, un appartement. Il y mènerait une vie d'artiste! Il y prendrait des leçons de guitare! Il aurait une robe de chambre, un béret basque, des pantoufles de velours bleu! Et même il admirait déjà sur sa cheminée deux fleurets en sautoir, avec une tête de mort et la guitare au-dessus».

Los seres que pertenecen a este *tiempo imaginario* tienen una naturaleza coherente: son estilizaciones «románticas» de la realidad objetiva, debidas a lecturas, como es el caso de Emma, o a ingenuidad y a prejuicios, como ocurre con Léon, Homais o Rodolphe. Vimos que, con ayuda de un plano, Emma se trasladaba a París sin salir de su casa de Tostes: «elle fermait ses paupières, et elle voyait dans les ténèbres se torde au vent des becs de gaz, avec des marchepieds de calèches, qui se déployaient à grand fracas devant le péristyle des théâtres». Son estampas que arma su fantasía con materiales que provienen de las novelas de su adolescencia, de las historias que contaba en el colegio esa aristócrata arruinada que venía a trabajar con las religiosas, de las revistas y libros que le prestan los «cabinets de lecture» de Rouen. Esta relación entre lo real y lo imaginario se ve muy nítida cuando, luego de entregarse a Rodolphe, Emma está segura de entrar a formar «une partie véritable de ces imaginations» y de ser una hermana de «les héroïnes des livres qu'elle avait lus». Y se ve, en términos dramáticos, porque en este caso se puede medir el abismo entre el modelo real (Léon) y el fantasma (el hombre a quien Emma cree enviar sus cartas), cuando la relación amorosa entre ambos está ya en ruinas, pero Emma le sigue escribiendo: «Mais, en écrivant, elle percevait un autre homme, un fantôme fait de ses plus ardents souvenirs, de ses lectures les plus belles, de ses convoitises les plus fortes; et il devenait à la fin si veritable, et accessible, qu'elle en palpitait émerveillée, sans pouvoir néanmoins le nettement imaginer, tant il se perdait, comme un dieu, sous l'abondance de ses attributs. Il habitait la contrée bleuâtre où les échelles de soie se balancent à des balcons, sous le souffle des fleurs, dans la clarté de la lune. Elle le sentait près d'elle, il allait venir et l'enlèverait tout entière dans un baiser. Ensuite elle retombait à plat, brisée; car ces élans d'amour vague la fatiguaient plus que de grandes débauches». En el párrafo se ve la importancia que tiene lo imaginario para Emma; es en ella una vocación tan poderosa que ni la evidencia de lo real la ataja. Basta que tome la pluma, piense o sueñe, para que el anodino notario deserte su envoltura carnal, su gravedad terrestre, y se transforme en un ser extraordinario, a cuya existencia colaboran los «recuerdos más ardientes», las «lecturas más bellas» y las «codicias más fuertes» de Emma. Esa realidad sustitutoria hace de Emma una rebelde, ella le da fuerzas para vivir, y, al final, para matarse.

Si a los otros planos temporales les corresponde un tiempo gramatical (explícito o implícito), a éste, en cambio, le es indiferente cualquiera: su tiempo verbal está supeditado a aquel en que es narrado el personaje que lo produce. En la mayoría de los casos, la irrealidad es una ilusión futura, como en los sueños paralelos de Emma y de Charles, cuando ambos imaginan un porvenir a su medida, pero hay otros en que se trata de una ilusión presente, como el fantasma en que se va convirtiendo Léon a medida que Emma le escribe, y puede ser incluso pasado, cuando la imaginación de Emma desrealiza lo vivido, embelleciendo sus recuerdos de infancia.

Dije antes que esta estructura temporal constituye una unidad indestructible. Es decir, lo fundamental no es la existencia de estos cuatro planos que dan a la materia narrativa distinta velocidad, certidumbre y naturaleza, sino su interdependencia, las mudas de uno a otro, la manera como se modifican y complementan. Es ese sistema de alianzas y desavenencias, la complejidad del conjunto, lo que da eficacia a la estructura temporal.

Una gran orquesta de músicos provistos de los mejores instrumentos de nada serviría sin un director capaz de organizar ese material y esas disposiciones. El hermoso concierto es, al fin, algo más, algo distinto que la mera suma de los elementos que lo han hecho posible. Después de los instrumentos y los músicos, veamos ahora cómo actúa el director de la orquesta.

III. LAS MUDAS DEL NARRADOR

¿QUIÉN CUENTA la historia de *Madame Bovary*? Varios narradores cuyas voces se relevan con tanta sutileza que el lector apenas nota los cambios de perspectiva y tiene la impresión de que el narrador es uno solo. Igual que en los planos temporales, tan importante es la existencia de varios narradores —la distinta función asignada a cada cual— como la manera en que se llevan a cabo las mudas de uno a otro narrador. El momento en que ocurren y la discreción con que ocurren son tan decisivos como que ocurran para dar a la materia narrativa poder de persuasión. Éstos son los narradores de *Madame Bovary*, o, mejor dicho, las diferentes máscaras del narrador protoplasmático:

Un narrador-personaje plural:
el misterioso «nous»

¿QUIÉN ES el narrador que, emboscado tras la primera persona del plural, inicia el relato? Se trata de alguien que está allí, que forma parte del mundo narrado. Se encuentra en esa clase a la que llega Charles precedido por el director del colegio, oye y sin duda comete las burlas con que los alumnos reciben al muchacho provinciano; más tarde, convive con él los años que éste pasa en el colegio: «Il serait maintenant impossible à aucun de *nous* de se rien rappeler de lui. C'était un garçon de tempérament modéré, qui jouait aux récréations, travaillait à l'étude, écoutant en classe, dormant bien au dortoir, mangeant bien au réfectoire».* No cabe duda, quien habla ha sido algo más que un observador: un participante activo, un cómplice, un personaje de la historia. Este punto de vista espacial —el narrador instalado dentro del mundo narrado—, tan antiguo como la novela, parece elegido por un prurito de realismo, para apuntalar la verosimilitud de lo contado. Así ocurre en la novela picaresca, donde el protagonista cuenta su propia vida; el relato alcanza mayor grado de certeza porque lo refiere un testigo privilegiado, alguien que cuenta con conocimiento de causa: estuve ahí, me consta, viví lo ocurrido. La narración adopta el semblante de un testimonio histórico.

Pero aquí las cosas no suceden de la misma manera. Ese habitante del mundo narrado no habla de sí mismo sino de otro; de otros, de todos los demás salvo de él. Está ahí y no lo vemos, es sólo un punto de referencia, una visión y una memoria que transmite lo que vio y supo en cierto momento, sin ponerse en evidencia. Su identidad es misteriosa no sólo por su reserva en lo tocante a su persona, sino porque habla desde el plural, lo que quizá indica que no es uno sino varios personajes. Podría tratarse de un narrador colectivo: el *nous* del primer capítulo encubre, tal vez, al conjunto de alumnos del colegio o a un grupo de ellos. Pero también puede ser uno de estos alumnos que utiliza el plural por modestia y voluntad de anonimato. Esta incertidumbre es esencial al narrador-personaje que abre la historia; se nombra sólo siete veces, todas en el primer capítulo, y luego desaparece para no retornar. Este punto de vista espacial, en el que no hay distancia alguna en-

* El subrayado es mío.

tre el narrador y lo narrado, inaugura la novela estableciendo una gran cercanía entre el lector y el relato; durante todo el cuadro primero —la llegada de Charles a la clase, las burlas, el episodio de la *casquette,* el castigo que impone el profesor—, en que el narrador-personaje plural es la perspectiva dominante, parece que se va a leer una confidencia, una autobiografía. Al mismo tiempo, la vaguedad del narrador —que está ahí pero no se muestra, que se limita a hacer saber que es ciudadano del mundo ficticio— provoca una curiosidad paralela a la que despierta lo que va contando. Además de dar, conforme a la función tradicional del narrador-personaje, una impresión de verismo, el narrador inicial de *Madame Bovary,* por la forma gramatical tras la que se oculta, contagia a la materia narrativa cierto misterio, la rodea de un aura inquietante.

La niebla que envuelve al narrador-personaje plural facilita su sustitución: se desvanece y no se nota porque ya era casi invisible. Luego de la llegada de Charles a la clase, otro narrador va a referir algo que el enigmático *nous* no puede saber: la vida anterior de Charles, el matrimonio de sus padres, las primeras lecciones que recibió del cura de su pueblo, hasta su venida a Rouen. Entonces reaparece el narrador-personaje plural para resumir, en la frase que he citado, lo que fue la vida en el colegio de ese alumno sumiso, esforzado y mediocre, para luego desvanecerse, y esta vez definitivamente. Otro narrador relata lo que ocurrió con Charles cuando egresó, fue estudiante de medicina, se recibió de oficial de sanidad, se casó con la viuda Heloïse Dubuc y se instaló en Tostes. Ese narrador con el que, gracias a esas cuatro mudas, alterna durante el primer capítulo el narrador-personaje plural es

El narrador omnisciente

TIENE, EN términos numéricos, la responsabilidad principal del relato, es quien narra casi todo lo que ocurre y quien describe casi todo lo que hay en la realidad ficticia. No forma parte del mundo narrado, es exterior a él y habla desde la tercera persona del singular. Sus atributos son la ubicuidad, la omnisciencia y la omnipotencia. Pero aunque está en todas partes, lo sabe todo y lo puede todo, usa siempre de estas facultades divinas de una manera rigurosamente planificada, según un sistema racional coherente cuyas normas no viola sino en contadísimas ocasiones (esas faltas son siempre veniales y tan escasas que jamás ponen en peligro al sistema). Presencia y relata con igual soltura lo que sucede en el mundo exterior y en la secreta intimidad de los personajes, se desplaza sin obstáculo en el tiempo, como en el primer capítulo, dando un salto atrás para contar la historia de los padres de Charles Bovary y luego un salto adelante para retornar al colegio de Rouen, y lo mismo en el espacio, como en ese mismo capítulo, en que pasa de Rouen al anónimo poblado «sur les confins du pays de Caux et de la Picardie» donde se refugia el padre de Charles después de fracasar como industrial y como agricultor, y luego regresa con la misma rapidez a Rouen. Sobre sus hombros recaen las grandes decisiones tácticas que definen la estrategia narrativa de *Madame Bovary:* qué datos son comunicados al lector y cuáles le son ocultados y por cuánto tiempo, los planos temporales en que cada episodio, descripción o motivo es situado, y en qué momento se traslada el relato a la voz de los personajes, o a sus pensamientos, o a sus sentimientos, o a sus movimientos, o al paisaje y las cosas que los rodean. Su extraordinaria libertad —tan superior a la de un narrador-personaje— es, sin embargo, su mayor peligro: cualquier abuso, incongruencia o capricho en el uso de sus ilimitados poderes disminuye o anula el poder de persuasión de lo narrado. En *Madame Bovary* emplea esa libertad en recortársela a sí mismo, según pautas precisas, encaminadas a disimular su existencia o a ponerla de manifiesto en circunstancias deliberadas e imprescindibles. Por eso, este narrador omnisciente no es uno sino dos, según su grado de visibilidad e intromisión en el mundo narrado:

El relator invisible

LA MAYOR parte de la materia narrada desde la tercera persona del singular es referida por una ausencia locuaz, un observador glacial y preciso que no se deja ver, que se confunde con el objeto o el sujeto relatado. La regla que le permite ser invisible es la objetividad: dice lo que ocurre pero no lo califica, se limita a transmitir lo que los personajes hacen, dejan de hacer, comentan a solas o entre ellos, sin revelar jamás sus propios pensamientos, sus reacciones frente al mundo narrado. Carece de subjetividad, es indiferente como una cámara cinematográfica que también pudiera filmar lo invisible; no quiere demostrar, sólo mostrar. Como respeta escrupulosamente esa inflexible ley de la objetividad, consigue su designio. El lector piensa que no existe, tiene la sensación de que la materia narrativa se autogenera ante sus ojos, que es el comienzo y el fin de sí misma:

> Son père, M. Charles-Denis-Bartholomé Bovary, ancien aide-chirurgien-major, compromis, vers 1812, dans des affaires de conscription, et forcé, vers cette époque, de quitter le service, avait alors profité de ses avantages personnels pour saisir au passage une dot de soixante mille francs, qui s'offrait en la fille d'un marchand bonnetier, devenue amoureuse de sa tournure. Bel homme, hâbleur, faisant sonner haut ses éperons, portant des favoris rejoints aux moustaches, les doigts toujours garnis de bagues et habillé de couleurs voyantes, il avait l'aspect d'un brave, avec l'entrain facile d'un commis voyageur.

El relator invisible es el eje de la teoría flaubertiana de la impersonalidad, el instrumento que permitió poner esa idea en práctica. Fue cuando escribía *Madame Bovary* que Flaubert llegó a la convicción de que la obra de arte debía dar impresión de autosuficiencia y de que para conseguirlo era indispensable que el narrador se esfumara: «L'artiste doit s'arranger de façon à faire croire à la postérité qu'il n'a pas vécu» (carta a Louise Colet, del 27 de marzo de 1852). Esta invisibilidad exige del narrador una actitud impasible frente a lo que narra, le prohíbe entrometerse en el relato para sacar conclusiones o dictar sentencias. Su función es describir, no absolver ni condenar. En la misma carta a Louise, afirma que toda literatura con moraleja es intrínsecamente falsa: «Il y aurait un beau livre à faire sur la littérature probante; du moment que vous prouvez, vous mentez. Dieu sait le commencement et la fin; l'homme, le milieu. L'Art, comme Lui dans l'espace, doit rester suspendu dans l'infini, complet en lui-même, indépendant de son producteur». Desde esta época, su correspondencia está cuajada de citas parecidas; lo mismo que le dijo a Louise le dirá más tarde a sus amigos Louis Bouilhet, Mlle. Leroyer de Chantepie, George Sand, a los Goncourt. Su creencia de que el narrador (Flaubert decía «el autor», «el productor», «el artista», y esto es origen de un grave malentendido) debía ser absolutamente imparcial, no se limita al aspecto ético o social de la historia; significa también que no le está permitido celebrar las alegrías de sus personajes ni apiadarse de sus miserias: su única obligación es comunicarlas. No es sorprendente que lectores acostumbrados por la novela romántica a ver descritos, junto con las desgracias de los personajes, los sentimientos de conmiseración o de cólera que estas desgracias provocan en el narrador (y que deben provocarles a ellos), acusaran a Flaubert de «frío», «deshumanizado» y de realizar «autopsias» al leer en *Madame Bovary,* por ejemplo, la agonía de Emma, referida con la más absoluta objetividad por el relator invisible:

Sa poitrine aussitôt se mit à haleter rapidement. La langue tout entière lui sortit hors de la bouche; ses yeux, en roulant, pâlissaient comme deux globes de lampe qui s'éteignent, à la croire déjà morte, sans l'effrayante accélération de ses côtes, secouées par un souffle furieux, comme si l'âme eût fait des bonds pour se détacher.

Quien se hace invisible, narrando desde la tercera persona, manteniendo una inexpugnable neutralidad respecto de lo que ocurre en la realidad ficticia, no opinando, no sacando enseñanzas morales ni sociales de la historia, no conmoviéndose ante las experiencias de los personajes, *es el narrador de la novela, no el autor.* El narrador es siempre alguien distinto del autor, una creación más de éste, al igual que los personajes, y, sin duda, el más importante, aun en los casos en que se trata de un relator invisible, porque todos los otros dependen de este personaje secreto. El autor de una novela se desdobla, inventa un narrador (o varios), y es éste quien adopta aquellas actitudes de impasibilidad y objetividad, u otras distintas, como por ejemplo en una novela romántica, en la que el narrador omnisciente suele ser una presencia visible, una subjetividad que al tiempo que narra la historia se narra a sí misma. Este distingo no lo hacen los críticos de Flaubert y por eso dan una noción discutible de sus teorías. No los excusa que el propio Flaubert no hiciera en sus cartas una clara separación entre autor y narrador: basta leer sus novelas para saber que la practicaba. Sus teorías tienen sentido y vigencia si se diferencia a ambos caballeros; si se los confunde, se las lleva el viento, resultan insensatas. Porque, así como es quimérico pensar que un autor puede crear prescindiendo totalmente de su experiencia, no lo es menos concebir que un hombre de carne y hueso, con una vida intelectual y emocional determinada, puede, en el momento de la creación, abolir sus ideas, pasiones, instintos, obsesiones, para convertirse en una impersonalidad relatora, en una máquina comunicadora de datos. La impasibilidad y la objetividad son, únicamente, maneras astutas y subrepticias de volcar esa subjetividad en lo narrado, una estrategia en la que conclusiones, demostraciones y reacciones sentimentales ante lo que ocurre en la realidad ficticia parecen transpirar naturalmente de lo contado hacia el lector y no serle impuestas por un narrador dictatorial. En lugar de opinar directamente, el autor lo hace desde la invisibilidad, sinuosamente: organizando la materia de una manera dada, encadenando de cierto modo los episodios, iluminando y oscureciendo las conductas de los personajes en los instantes oportunos, eligiendo ciertos acontecimientos reveladores, provocando ciertos diálogos, efectuando ciertas descripciones. Muchos años después de haber publicado *Madame Bovary,* Flaubert lo entendió así y se lo hizo saber a George Sand en una fórmula incomparable: «Je ne crois même pas que le romancier doive exprimer *son* opinion sur les choses de ce monde. Il peut la communiquer, mais je n'aime pas à ce qu'il la dise».* En efecto, gracias al relator invisible, no la *dice:* la comunica por ósmosis, contaminando con ella la materia narrativa, convirtiendo su mundo subjetivo en el mundo objetivo de la ficción.

El relator invisible existía en la novela antes de *Madame Bovary,* pero solía tener a su cargo la narración sólo durante breves períodos, casi por descuido del autor, quien —sobre todo el novelista clásico— encomendaba la mayor parte del relato a un narrador omnisciente e intruso, que está constantemente alternando con los personajes y que es una presencia a veces abrumadora en la realidad ficticia. El relator invisible nunca había tenido la función principalísima que tuvo en esta novela y ningún autor antes de Flaubert había conseguido técnicas tan eficaces para disimular la existencia del narrador.

Pero el relator invisible, aunque el principal, no es el único narrador omnisciente de *Madame Bovary.* A pesar de

---

* Carta del 10 de agosto de 1868. El subrayado es de Flaubert.

tener ideas tan firmes sobre la impasibilidad y la objetividad, Flaubert, felizmente, no las aplicó de manera dogmática. Era un creador que a veces teorizaba, no un teórico que escribía novelas, y en el dominio de la creación, como en el de la historia, la práctica siempre desborda la teoría. Hay momentos en que el narrador omnisciente deja de ser invisible; la ausencia se vuelve una presencia. Se trata de apariciones cuidadosamente previstas, que cumplen una función dentro de la estrategia narrativa. Son los momentos en que el relator invisible es reemplazado por

El narrador-filósofo

EL NARRADOR omnisciente, algunas veces —hay que subrayar que son pocas—, se manifiesta con intromisiones que delatan, por el breve espacio de una palabra o una frase, la existencia de un ser forastero a la realidad ficticia. Algunas de estas intromisiones son, a todas luces, involuntarias, actos fallidos del narrador, como cuando, en medio de una descripción impersonal de la región donde se confunden Normandía, Picardía y l'Île de France, mete la nariz para opinar que «C'est là que l'on fait les pires fromages de Neufchâtel de tout l'arrondissement», o, un poco después, cuando remata la relación del corto período de cariño y atenciones de Emma hacia su hija, en los primeros tiempos de Yonville, ironizando: las expansiones líricas maternales de Madame Bovary, dice, «à d'autres qu'a des Yonvillais» les hubieran recordado a «la Sachette de Notre-Dame de Paris».

Pero hay ocasiones en que el narrador omnisciente aparta con toda deliberación a los personajes y a los objetos para ocupar el primer plano del relato y pronunciar, profesoralmente, una sentencia filosófica, una conclusión moral, un refrán o aforismo, una regla de la vida que encuentra un ejemplo concreto en el hecho que ha narrado o que va a narrar:

«—car tout bourgeois, dans l'échauffement de sa jeunesse, ne fût-ce qu'un jour, une minute, s'est cru capable d'immenses passions, de hautes entreprises. Le plus médiocre libertin a rêvé des sultanes; chaque notaire porte en soi les débris d'un poète». No habla ningún personaje, el propio narrador formula esta ley general e inapelable de la conducta burguesa para explicar el conformismo de Léon Dupuis, su tránsito del joven romántico que fue en Yonville al hombre calculador y prudente que es ahora en Rouen.

Las interrupciones momentáneas de la acción o de la descripción, a fin de que la voz magistral de Dios Padre resuma lo narrado en una norma ética, sociológica, psicológica o histórica, son un procedimiento clásico de la novela y en esto Flaubert sigue una tradición. Pero no de manera mecánica, sino dando al procedimiento un uso personal. El narrador-filósofo sólo toma cuerpo en ciertos momentos importantes y su paso siempre es rápido, su presencia eleva la realidad ficticia a un plano de solemnidad y abstracción sólo unos segundos, de modo que la marcha del relato no se vea obstruida, dispersada, distraída por la intrusión. Además de breve, la voz del narrador-filósofo tiene otra característica invariable: la rotundidad. Nunca duda, habla de una manera categórica, como cuando, después de referir el relator invisible que Léon, a su vuelta de París, ya no es el joven tímido que había conocido Emma, sino un varón desenvuelto y seguro de gustar, la historia se detiene para que una voz divina nos instruya así: «L'aplomb dépend des milieux où il se pose: on ne parle pas à l'entresol comme au quatrième étage, et la femme riche semble avoir autour d'elle, pour garder sa vertu, tous ses billets de banque, comme une cuirasse, dans la doublure de son corset».

Al viejo recurso de la irrupción del narrador-magíster, Flaubert le da una coloración propia: reduce sus intervenciones a ciertas circunstancias oportunas (no he encontrado más de medio centenar de apariciones del narrador-filósofo), las dota de cualidades permanentes —brevedad, generalidad, perentoriedad— y logra que esos veredictos definitivos, conclusiones genéricas de lo particular o moralejas parciales de la historia, puntúen acompasadamente el relato. Al final, resulta evidente que la colección de afirmaciones del narrador-filósofo modela un plano de la realidad ficticia: el ideológico. No la ideología de este o de aquel personaje, sino la general, inmanente a aquella sociedad, el sistema básico de ideas en el que los personajes nacen, viven y mueren, y que es suficientemente laxo como para admitir en su seno ideologías contradictorias de clases, grupos sociales y aun de personas. Así, esas sentencias son parte valiosa de la realidad ficticia, un complemento indispensable al material acarreado por *las palabras en cursiva.* Con él forman los parámetros morales, políticos, religiosos y metafísicos dentro de los cuales se mueven los hombres y las mujeres de la novela, las raíces de sus conductas y sentimientos. Aunque ambas confluyen para diseñar el nivel retórico o filosófico de la realidad ficticia, esas palabras en cursiva y estas sentencias magistrales no son la misma cosa. Aquéllas tienen un radio restringido, expresan *verdades relativas y concretas,* las creencias, mitos o prejuicios de un grupo determinado —una familia, un colegio, un sector profesional, un sexo, una clase social, una región—, ante los cuales el narrador omnisciente toma a veces una distancia crítica e irónica (en estos casos la cursiva subraya el carácter de deformación viciosa, perversa, de la realidad que tiene ese clisé, refrán o fórmula lingüística), en tanto que el narrador-filósofo expresa siempre *verdades abstractas y absolutas,* unilaterales; sus frases pretenden ser la realidad humana capturada en una fórmula verbal, como cuando inicia el capítulo que sigue a la agonía de Emma definiendo así la reacción de los hombres ante la muerte: «Il y a toujours après la mort de quelqu'un comme une stupéfaction qui se dégage, tant il est difficile de comprendre cette survenue du néant et de se résigner à y croire».

El narrador-filósofo expresa algo más permanente y universal que los dichos y refranes en los que se halla reflejada la ideología de una comunidad: ciertas cualidades innatas, una esencia humana general y anterior a las personas y dentro de la cual las existencias concretas toman forma, significan una variante o modalidad. Por ejemplo, cuando Emma, arruinada, acude a Rodolphe para pedirle tres mil francos y éste le responde que no los tiene, se corporiza el narrador-filósofo para hacernos saber que cuando el dinero se mezcla con el amor éste peligra, pues lo pecuniario suele enfriarlo y matarlo: «Il ne mentait point. Il les eût eus qu'il les aurait donnés, sans doute, bien qu'il soit généralement désagréable de faire de si belles actions: une demande pécuniaire, de toutes les bourrasques qui tombent sur l'amour, étant la plus froide et la plus déracinante». En tanto que las cursivas son el nivel retórico en un plano subjetivo —creencias e ideas de los personajes—, el pensamiento que expone el narrador-filósofo lo es en un plano objetivo: lo que él dice aspira a ser saber científico, formulación matemática de la naturaleza humana. Ambos planos, combinados, estructuran el mundo de las ideas y de las creencias a partir de las cuales juzgan, realizan el bien y el mal, aciertan o se equivocan, son viles o nobles, comunes o insólitos, conformistas o rebeldes los seres de la realidad ficticia.

Narradores-personajes singulares

Es DECIR, las voces de los propios personajes en los breves períodos en que, sin la mediación del narrador omnisciente, el diálogo o el monólogo sustituyen a la descripción. Esto ocurre cuando el diálogo no es «descrito», sino directamente expuesto a la experiencia del lector, mediante un mutis corto pero total del relator invisible. En la mayoría de los casos la muda es detectable por signos gráficos: los diálogos se hallan precedidos por un guión, entrecomillados o separados por puntos aparte y no llevan acotaciones. En el episodio de los comicios agrícolas, tres narradores personajes reemplazan al narrador omnisciente para, breve y rotativamente, contarse a sí mismos desde la primera persona del singular. Se trata de las voces alternadas de Emma y Rodolphe (quienes están en un balcón), y la del Presidente, que, abajo, en el estrado, va voceando los premios del certamen:

—Tantôt, par exemple, quand je suis venu chez vous...
«À M. Bizet, de Quincampoix.»
—Savais-je que je vous accompagnerais?
«Soixante et dix francs!»
—Cent fois même j'ai voulu partir, et je vous ai suivi, je suis resté.
«Fumiers.»
—Comme je resterais ce soir, demain, les autres jours, toute ma vie!
«À M. Caron, d'Argueil, une médaille d'or!»
—Car jamais je n'ai trouvé dans la société de personne un charme aussi complet.
«À M. Bain, de Givry-Saint-Martin!»
—Aussi, moi, j'emporterai votre souvenir.

El narrador omnisciente se ha volatilizado, su voz distante y su mirada invisible han sido desplazadas por las voces propias e inmediatas de los personajes que se relatan a sí mismas. A la muda principal —narradores personajes en vez de narrador omnisciente— se añaden mudas secundarias, las de los tres personajes que van sucediéndose como voces narradoras (Rodolphe, el Presidente, Emma). En otros casos, el parlamento de un personaje, aunque acompañado de una acotación del relator invisible («dijo», «afirmó», «repuso»), es tan extenso que aquella referencia se pierde; la voz del personaje sumerge la del narrador omnisciente y se puede decir también que ha habido una muda. Por ejemplo, este discurso del *père* Rouault consolando a Charles por la muerte de Heloïse Dubuc, aunque lleva al principio la marca del relator invisible («disait-il»), dura tanto que se convierte en monólogo, en una narración en primera persona:

—Je sais ce que c'est! disait-il en lui frappant sur l'épaule; j'ai été comme vous, moi aussi! Quand j'ai eu perdu ma pauvre défunte, j'allai dans les champs pour être tout seul; je tombais au pied d'un arbre, je pleurais, j'appelais le bon Dieu, je lui disais des sottises; j'aurais voulu être comme les taupes, que je voyais aux branches, qui avaient des vers leur grouillant dans le ventre, crevé, enfin. Et quand je pensais que d'autres, à ce moment-là, étaient avec leurs bonnes petites femmes à les tenir embrassées contre eux, je tapais de grands coups par terre avec mon bâton; j'étais quasiment fou, que je ne mangeais plus; l'idée d'aller seulement au café me dégoûtait, vous ne croiriez pas. Eh bien, tout doucement, un jour chassant l'autre, un printemps sur un hiver et un automne par-dessus un été, ça a coulé brin à brin, miette à miette; ça s'en est allé, c'est parti, c'est descendu, je veux dire, car il vous reste toujours quelque chose au fond, comme qui dirait... un poids, là, sur la poitrine! Mais, puisque c'est notre sort à tous, on ne doit pas non plus se laisser dépérir, et, parce que d'autres sont morts, vouloir mourir... Il faut vous secouer, monsieur Bovary; ça se passera! Venez nous voir; ma fille pense à vous de temps à autre, savez-vous bien, et elle dit comme ça que vous l'oubliez. Voilà le printemps bientôt; nous vous ferons tirer un lapin dans la garenne, pour vous dissiper un peu.

No es exacto, como afirman algunos críticos, que el diálogo sea insignificante en *Madame Bovary*. En los primeros capítulos la forma dominante es la descripción, desde luego, y, salvo en la escena inicial, la voz que se escucha casi todo el tiempo es la del narrador omnisciente. Pero las cosas cambian desde la llegada de los Bovary a Yonville, que se abre, precisamente, con una gran conversación colectiva en el Lyon d'Or. A partir de entonces las voces de los personajes se dejan oír con más frecuencia, y esto se acentúa en la tercera parte de la novela —desde el comienzo de los amores de Léon y Emma hasta el final—, donde el diálogo pasa a ser, sin la menor duda, la forma principal de la narración. Así pues, la función de estos narradores-personajes gana importancia a medida que progresa la historia.

No son los únicos casos en que hay mudas de narrador omnisciente a narradores-personajes. A veces esto ocurre, de manera menos evidente pero más original, en el seno de un mismo párrafo, cuando, sin el previo aviso del punto aparte, el guión o las comillas, una voz implicada en la acción, es decir, la de un personaje, termina una frase que ha comenzado el relator invisible. Esto, sin embargo, tiene también una indicación gráfica: la frase o palabra del narrador-personaje va en cursiva.

Las palabras en cursiva: el nivel retórico

EN *MADAME BOVARY* hay poco más de un centenar de palabras o frases que, para diferenciar de las otras, el autor hizo imprimir en cursiva. En algunos casos esta distinción tipográfica obedece a una costumbre tradicional y Flaubert la usa, como otros autores de su tiempo o del pasado, para los títulos de un libro, de un periódico o el nombre de una ópera, para un anglicismo, un italianismo o un latinismo de Homais, o para algún regionalismo, como esos panecillos en forma de turbante, los *cheminots,* que se comen en Rouen durante la cuaresma; para los apodos, para algún modismo de grupo (los escolares de Rouen llaman *nouveau* al alumno novato) o para precisar que se trata de una escritura fonética: *Charbovari.*

Pero estos casos comprenden una mínima parte de las palabras en cursiva. La otra constituye un uso propio, audaz, una innovación del punto de vista narrativo. Los críticos no parecen haberlo advertido. El único que se detuvo a considerar el hecho curioso de las cursivas fue Thibaudet, quien señaló que ellas indican que esas palabras no forman parte del lenguaje del autor, sino que son ejemplos del lenguaje de clisés que usan los vecinos de Yonville. En otra parte, observa que mediante esos clisés Flaubert cita al burgués como otros citan del latín y que ellos prefiguran el *Dictionnaire des idées reçues.** Ambas observaciones son justas pero insuficientes. La función de esas cursivas es más rica, afecta ese eje de la estructura novelesca que son las mudas del narrador.

He aquí un ejemplo. La madre ha enseñado a Charles Bovary, niño, a leer, a tocar el piano, a cantar algunas romanzas:

> Mais, à tout cela, M. Bovary, peu soucieux des lettres, disait que ce *n'était pas la peine!* Auraient-ils jamais de quoi l'entretenir dans les écoles du gouvernement, lui acheter une charge ou un fonds de commerce? D'ailleurs, *avec du toupet, un homme réussit toujours dans le monde.* Madame Bovary se mordait les lèvres, et l'enfant vagabondait dans le village.

El estilo indirecto libre —el único aporte *técnico* de Flaubert que destaca la crítica— consiste muy claramente en una forma de narración ambigua, en la cual el narrador narra tan cerca del personaje que el lector tiene la impresión, por momentos, que quien está hablando es el propio personaje (por ejemplo, en ese párrafo, la frase: «Auraient-ils jamais de quoi l'entretenir dans les écoles du gouvernement, lui acheter une charge ou un fonds de commerce?»). La raíz del estilo indi-

---

* Albert Thibaudet, *op. cit,* pp. 204 y 275.

recto libre es la ambigüedad, esa duda o confusión del punto de vista, que ya no es el del narrador pero no es todavía el del personaje. Una simple ojeada al ejemplo que cito basta para comprobar que en el caso de las frases en cursiva se trata de algo distinto. Aquí la ambigüedad ha cedido el paso a la certeza: en el párrafo, por brevísimo tiempo pero sin que quepa duda, hay una sustitución de narrador, una doble muda de voces. Al comienzo del párrafo, quien está contando es el narrador omnisciente, pero a la mitad de esa primera frase una voz intrusa se añade y superpone a la suya. Monsieur Bovary ha dicho «ce n'est pas la peine» que su esposa enseñe todas esas cosas al niño y el narrador recoge esa voz y repite con él lo que ha dicho, pero manifestando siempre su existencia: por eso emplea el imperfecto. Así, en la primera frase en cursiva conviven dos narradores:

(1) Un narrador-personaje singular, M. Bovary, cuya presencia es delatada por la cursiva, señal tipográfica mediante la cual el relator invisible toma distancia, se aleja del relato sin desaparecer del todo, y

(2) El narrador omnisciente, voz que narra a otra voz, sombra huidiza pero todavía detectable, por ese tiempo verbal que es el suyo (el imperfecto), que lo distingue de la voz intrusa.

Luego, el relator invisible sigue narrando hasta la siguiente frase en cursiva. Allí ya no hay coexistencia, la doble voz se convierte en una sola, el narrador omnisciente es relevado por el narrador personaje. No cabe duda, quien dice *avec du toupet, un homme réussit toujours dans le monde* es Monsieur Bovary. Además de la cursiva, ha cambiado el tiempo verbal y ese pretérito indefinido consuma el exilio, por el lapso fugaz de la frase, del relator invisible. Pero éste retorna inmediatamente para referir que la señora Bovary se mordía los labios y que el niño vagabundeaba por el pueblo. Así pues, en pocas líneas de texto hemos asistido a varias mudas de narrador. Dos voces se han aliado, sin necesidad de puntos aparte ni seguidos —el aviso previo de la novela tradicional— para relatarnos ese episodio. Ha cambiado cinco veces el punto de vista; hemos sido acercados y alejados de la realidad ficticia: comenzamos viéndola desde afuera, con el relator invisible, luego fuimos introducidos en ella para escuchar lo ocurrido de la voz de un personaje, retornamos a la exterioridad, volvimos a la voz del mismo personaje y regresamos una vez más a la exterioridad.

Ésa es la importancia de las cursivas. En muchos casos, como en éste, significan una muda de narrador, un cambio veloz del punto de vista. Naturalmente, la cursiva era innecesaria; Flaubert hubiera podido prescindir de ella, como lo hace un novelista moderno, que no vacila en mezclar las voces de un narrador omnisciente y de narradores-personajes en una misma frase si lo cree necesario. Esa elasticidad del punto de vista es hoy posible gracias a que alguien, un día, lo hizo por primera vez. Y quien comenzó a efectuar esas mudas —subrayándolas con una señal gráfica para evitar confusiones, quizá asustado de su audacia, quizá sin darse bien cuenta de la revolución que iniciaba al romper la rígida separación entre narrador omnisciente y narrador-personaje, quienes antes no compartían jamás una misma frase— fue Flaubert, en *Madame Bovary*. No necesito insistir en las ventajas que estas mudas traen al relato: lo agilizan, lo condensan y, al mismo tiempo —hecho esencial para la naturaleza totalitaria de la novela—, permiten a la parte (la frase, el párrafo) reproducir esa totalidad que el conjunto novelesco aspira a alcanzar. Un pequeño texto narra un hecho simultáneamente desde dos perspectivas, la de un observador imparcial y la de los propios actores. He aquí, por ejemplo, cómo el relator invisible y la madre de Charles se turnan para contar la mala impresión que Emma causa a su suegra: «Elle lui trouvait *un genre trop relevé pour leur position de fortune;* le bois, le sucre et la chandelle *filaient comme dans une grande maison,* et la quantité de braise qui se brûlait à la cuisine aurait suffi pour vingt-cinq plats!».

Pero las cursivas no sólo significan mudas de narrador; en muchos casos, las voces de personajes que se introducen en la voz del relator y la silencian un instante dicen, como observaba Thibaudet, lugares comunes. Es decir, esas frases componen el nivel retórico del mundo ficticio: son expresiones acuñadas por una comunidad, no por individuos aislados, en las que han quedado impresos unos prejuicios, unas creencias, una manera de ver la realidad y de vivirla. «Avec du toupet, un homme réussit toujours dans le monde»: esta sentencia de Monsieur Bovary, padre, expresa una filosofía pragmática y optimista, de un individualismo fiero, la mentalidad del triunfador que cree que en la vida querer es poder. Esa fórmula a la que el padre de Charles apela inconscientemente muestra lo que Marx llamaba un «fetiche», un elemento de la superestructura ideológica de la realidad ficticia, que, justamente, la vida de Emma —el nivel histórico de esa realidad— desmiente. La historia de Madame Bovary prueba que querer no es poder, que no basta ser audaz e imaginativo para tener éxito en lo que uno se propone. Cuando leemos esta opinión de la madre de Charles sobre Emma: «Elle lui trouvait *un genre trop relevé pour leur position de fortune*», esa voz no sólo pronuncia una frase pintoresca, característica de cierto momento y de cierto lugar en la historia de la lengua de Francia. Sobre todo, hace hablar a una mentalidad estrechamente prejuiciosa. Toda una clase conformista y clasista, prudente, convencida que cada cual debe contentarse con lo que tiene y no intentar salir del casillero económico-social que ocupa, que propugna la resignación como virtud, se expresa por su boca. Es decir, los personajes, cuando pronuncian esas frases, se desindividualizan, encarnan una comunidad. Así, curiosamente, esas voces que constituyen lo más vivo y dinámico de la narración —el personaje dirigiéndose sin intermediarios al lector— son al mismo tiempo las más muertas; se trata de robots, a través de los cuales habla un ventrílocuo numeroso y abstracto: una familia, un gremio, una religión, una moral. En este sentido las cursivas significan simultáneamente otra muda, además de la de narrador: de nivel de realidad. De un plano psicológico, o histórico, la narración, cuando aparecen estas voces, se eleva (o desciende) a ese nivel retórico en el que, mediante formas cristalizadas de lenguaje, se expresan los patrones intelectuales y morales de una colectividad.

El movimiento particular que dan a la narración las mudas de narrador y de nivel de realidad, esas sustituciones rápidas y discretas, va creando la sustancia especial que es la realidad ficticia. Este irse haciendo, desenvolviendo, organizando, completando según rigurosos y coherentes cambios temporales, espaciales y de nivel de realidad, transforma a sus elementos reunidos, que proceden todos de la realidad real, en algo distinto. Las innumerables mudas resultan *naturales* gracias al estilo de Flaubert, a su naturaleza versátil que las lleva a cabo siempre dentro de una continuidad, que hace compatible lo permanente y lo provisional, la ruptura y lo estable.

Las imágenes obstructoras

EL ESTILO fue la gran obsesión de Flaubert, la raíz de los enormes padecimientos que le significó cada libro. Su correspondencia hierve de testimonios sobre su lucha contra «les affres du style», y asombra, en sus manuscritos, la prolijidad con que cada frase ha sido hecha, deshecha y rehecha, atendiendo escrupulosamente a los requisitos de sonoridad, armonía, precisión y visualidad. Sin embargo, cuando él vaticina en sus cartas que su gran mérito, en *Madame Bovary,* habrá sido dar a la prosa un nivel artístico que hasta entonces sólo había alcanzado el verso, no piensa en lo que es, para mí, la mayor conquista de su estilo —lo que yo llamaría su funcionalidad—, sino, más bien, en virtudes formales, no directamente dependientes ni vinculadas sin remedio a lo que me parece primera obligación de la prosa novelesca: el relato. Piensa, no hay duda, en la capacidad de esa prosa de conmover la sensibilidad del lector por su música y su plástica, con prescindencia de su tarea narrativa. Ésa es la explicación de las imágenes —de buen número de ellas— que, sólidas y llamativas como grupos escultóricos, se yerguen aquí y allá, con aire soberbio, en el territorio ficticio. Están construidas con esmero y generalmente rematan una descripción o un suceso. A veces, además de efectistas, son útiles porque la justeza de la comparación hace visibles, da más relieve a las connotaciones psicológicas, morales o simbólicas de un episodio, como por ejemplo las metáforas que aparecen en la descripción del fiacre erótico de Emma y Léon, «plus close qu'un tombeau et ballotée comme un navire». Pero lo cierto es que son demasiadas, muchas de ellas artificiosas, de un rebuscamiento que desentona con la naturalidad perfectamente fingida del estilo. En vez de reforzar el poder de persuasión, lo debilitan. En algún momento, Flaubert se dio cuenta del peligro y escribió a Louise que su novela se estaba llenando de metáforas como de piojos: «Je crois que ma Bovary va aller; mais je suis gêné par le sens métaphorique qui décidément me domine trop. Je suis dévoré de comparaisons, comme on l'est de poux, et je ne passe mon temps qu'à les écraser; mes phrases en grouillent» (carta del 27 de diciembre de 1852). No mató bastantes. Esas imágenes, en vez de elevar el nivel «artístico» de la novela, dan por momentos a su estilo una fisonomía manierista, de época, e incluso algunas son fáciles y de dudoso gusto como la que compara la felicidad de Charles, después de su segundo matrimonio, con la digestión: «le coeur plein des félicités de la nuit, l'esprit tranquille, la chair contente, il s'en allait ruminant son bonheur, comme ceux qui mâchent encore, après dîner, le goût des truffes qu'ils digèrent».

En cambio, Flaubert no parece haber sido consciente de la importancia de su gran hallazgo: el estilo indirecto libre. No he encontrado en su correspondencia ni una sola formulación «teórica» de este método narrativo, que es, justamente, la clave de la flexibilidad de su estilo, lo que permite las constantes mudas, esa armoniosa conjugación de perspectivas diferentes que va estructurando la realidad ficticia en muchos planos a la vez. No digo que no sabía lo que hacía al usar este procedimiento estilístico en *Madame Bovary,* sino que, probablemente, fue para él sobre todo una práctica, algo que le preocupaba en razón de los efectos que obtenía —no, como las metáforas, por ella misma— y que acaso no sospechó lo subversiva que esa técnica resultaría en la historia de la novela.

El estilo indirecto libre

EL GRAN aporte técnico de Flaubert consiste en acercar tanto el narrador omnisciente al personaje que las fronteras entre ambos se evaporan, en crear una ambivalencia en la que el lector no sabe si aquello que el narrador dice proviene del relator invisible o del propio personaje que está monologando *mentalmente:* «Où donc avait-elle appris cette corruption, presque immatérielle à force d'être profonde et dissimulée?». ¿Quién es el sujeto que piensa? ¿Es el relator invisible o Léon Dupuis el autor de esta inquietante interrogación sobre la naturaleza de Emma? La astucia consiste en haber recortado la omnisciencia del narrador; ya no lo sabe todo, tiene dudas, su poder ha disminuido tremendamente, es idéntico al de un personaje. Y como hay un personaje —Léon Dupuis— que, según el contexto, percibe y sufre cada vez más la «corrupción» de Emma, el lector tiene la impresión de que se ha producido la transubstanciación, que es tal vez Léon y no el relator invisible quien se hace la pregunta. Es un estilo empleado para narrar siempre la intimidad (recuerdos, sentimientos, sensaciones, ideas) *desde adentro,* es decir, para avecindar lo más posible al lector y al personaje. Antes de *Madame Bovary* la novela incluía los monólogos, por supuesto. En determinados momentos los personajes se hablaban a sí mismos y se contaban lo que sentían, pensaban o recordaban. En eso estriba la diferencia: se *hablaban*, no se pensaban. Aun cuando el narrador acote «Fulano pensó» y luego se retire de la narración, lo que queda en el relato es una voz, un personaje recitando, teatral, su vida interior, describiendo desde afuera, mediante un discurso lógico —que rara vez se diferencia gramatical o conceptualmente del de los diálogos— su vida subjetiva. El estilo indirecto libre, al relativizar el punto de vista, consigue una vía de ingreso hacia la interioridad del personaje, una aproximación a su conciencia, que es tanto mayor por cuanto el intermediario —el narrador omnisciente— parece volatilizarse. El lector tiene la impresión de haber sido recibido en el seno mismo de esa intimidad, de estar escuchando, viendo, una conciencia en movimiento antes o sin necesidad de que se convierta en expresión oral, es decir, siente que comparte una subjetividad. El método del que se vale Flaubert para lograrlo es un uso sabio de los tiempos verbales y, sobre todo, de la interrogación. He aquí un ejemplo en el que se describe la dicha que constituyó para Charles su matrimonio con Emma; el estilo indirecto libre hace que toda la descripción parezca (¿sea?) un monólogo *silencioso* del propio Bovary:

> Jusqu'à présent, qu'avait-il eu de bon dans l'existence? Était-ce son temps de collège, où il restait enfermé entre ces hauts murs, seul au milieu de ses camarades plus riches ou plus forts que lui dans leurs classes, qu'il faisait rire par son accent, qui se moquaient de ses habits, et dont les mères venaient au parloir avec des pâtisseries dans leur manchon? Était-ce plus tard, lorsqu'il étudiait la médecine et n'avait jamais la bourse assez ronde pour payer la contredanse à quelque petite ouvrière qui fût devenue sa maîtresse?

La crítica ha señalado que el estilo indirecto libre consiste en un empleo particular del imperfecto, que es el uso maquiavélico de este tiempo verbal el que traslada la narración insensiblemente del mundo exterior al mundo interior y viceversa. La forma interrogativa es casi siempre un recurso complementario para facilitar ese desliz de un plano a otro, para que la muda de narrador omnisciente a narrador-personaje sea inadvertida, no provoque cesuras en el relato. Por lo demás, el imperfecto tampoco es absolutamente indispensable; en ciertos casos, para representar la vida mental del personaje sólo un instante, como un relámpago, basta la supresión del verbo: «Le *père* Rouault n'eût pas été faché qu'on le débarrassât de sa fille, qui ne lui servait guère dans sa maison. Il l'excusait intérieurement, trouvant qu'elle avait trop d'esprit pour la culture, *métier maudit du ciel,* puisqu'on n'y voyait jamais de millionaire». No hay ninguna duda que quien habla, al principio y al fin de la cita, es el narrador omnisciente, que es el relator invisible quien describe lo que el *père* Rouault pensaba de su hija. En el párrafo hay un proceso de acercamiento a la conciencia del personaje. La primera frase es distante, el narrador describe algo que sabe y eso que sabe está lejos de él. En cambio, en la segunda frase el personaje está más cerca del relator invisible y del lector (la clave es el adverbio *intérieurement*), ¿y acaso la frase que he subrayado no parece una exclamación pensada por el propio *père* Rouault? Pero no, desde luego, su conclusión («puisqu'on n'y voyait jamais de millionaire») donde es claro que vuelve a hablar el narrador omnisciente. La prosa de *Madame Bovary* debe al estilo indirecto libre su calidad plegable, extensiva y reductiva, que le permite efectuar todas esas mudas en el espacio y en el tiempo sin que se alteren el ritmo y la unidad narrativas.

El discurso indirecto libre es lógico. Más tarde Joyce romperá esas normas lógicas para dar un equivalente más aproximado de la vida mental, creando lo que se ha llamado el *stream of consciousness.* Esto no hubiera sido posible, sin duda, sin la invención flaubertiana. El estilo indirecto libre significó el primer gran paso de la novela para narrar directamente el proceso mental, para describir la intimidad, no por sus manifestaciones exteriores (actos o palabras), a través de la interpretación de un narrador o un monólogo oral, sino *representándola* mediante una escritura que parecía domiciliar al lector en el centro de la subjetividad del personaje.

TRES

LA PRIMERA NOVELA MODERNA

Si le livre que j'écris avec tant de mal arrive à bien, j'aurai établi par le fait seul de son exécution ces deux vérités, qui sont pour moi des axiomes, à savoir: d'abord que la poésie est purement subjective, qu'il n'y a pas en littérature de beaux sujets d'art, et qu'Yvetot donc vaut Constantinople; et qu'en conséquence l'on peut écrire n'importe quoi aussi bien que quoi que ce soit. *L'artiste doit tout élever,* il est comme une pompe, il a en lui un grand tuyau qui descend aux entrailles des choses, dans les couches profondes. Il aspire et fait jaillir au soleil en gerbes géantes ce qui était plat sous terre et ce qu'on ne voyait pas.

Carta a Louise Colet,
25-26 de junio de 1853

I. EL NACIMIENTO DEL ANTIHÉROE

EL 26 DE mayo de 1845, Flaubert escribe a Le Poittevain: «Tu sais que les belles choses ne souffrent pas de description». Es una gran mentira; los románticos no hacían otra cosa, en ese momento, que describir la belleza hasta el cansancio. Para ellos, es cierto, lo bello consistía en los polos de la realidad: Quasimodo y la linda gitanilla. En las novelas románticas, los hombres, las cosas y los hechos son hermosos u horribles, atractivos o repelentes. Lo sublime, lo monstruoso, lo excelso, lo atroz son la gran apropiación romántica de la vida y su conversión novelesca en algo que tiene dignidad y que ejerce hechizo artístico. Lo excluido de la novela romántica es esa zona de lo humano cuyas caras, objetos y acciones no son tan repulsivas como Quasimodo ni tan graciosas como Esmeralda: el abrumador porcentaje que conforma la normalidad, el rutinario telón de fondo contra el que se yerguen las figuras sobresalientes de los héroes y de los monstruos. Ese limbo intermedio pasa a ser metamorfoseado en «belleza» en *Madame Bovary,* donde todo equidista de aquellos extremos y corresponde a la existencia sin brillo, chata y triste de las gentes comunes. No digo que Flaubert inició la representación novelesca de la pequeña burguesía, en tanto que la novela romántica había descrito un mundo feudal y aristocrático. Las novelas de Balzac están repletas de personajes que representan todos los estratos de la burguesía —incluida la burguesía provinciana rural— y, sin embargo, eso no impide a sus héroes (por lo menos a muchos de ellos) tener el carácter antitético —ser admirables o execrables— típico de la novela romántica. No es el mundo de la burguesía, sino algo más ancho, que cubre transversalmente las clases sociales, lo que *Madame Bovary* convierte en materia central de la novela: el reino de la mediocridad, el universo gris del hombre sin cualidades. Sólo por esto merecería la novela de Flaubert ser considerada fundadora de la novela moderna, casi toda ella erigida en torno a la esmirriada silueta del antihéroe.

Flaubert llegó a la conclusión de que la mediocridad era profundamente representativa de lo humano varios años antes de escribir *Madame Bovary.* Es un tema que flota en sus cartas desde 1846: «Nier l'existence des sentiments tièdes parce qu'ils son tièdes, c'est nier le soleil tant qu'il n'est pas à midi. La vérité est tout autant dans les demi-teintes que dans les tons tranchés» (carta a Louise, del 11 de diciembre de 1846). «Ce ne sont pas les grands malheurs qui font le malheur, ni les grands bonheurs qui font le bonheur, mais c'est le tissu fin et imperceptible de mille circonstances banales, de mille détails ternes qui composent toute une vie de calme radieux ou d'agitation infernale» (carta a Louise, del 20 de marzo de 1847).

Cinco meses después vuelve sobre lo mismo con palabras parecidas: «Ce ne sont pas en effet les grands malheurs qui sont à craindre dans la vie, mais les petits. J'ai plus peur des piqûres d'épingle que des coups de sabre. De même qu'on n'a pas besoin à toute heure de dévouements et de sacrifices, mais qu'il nous faut toujours, de la part d'autrui, des semblants d'amitié et d'affection, des attentions et des manières, enfin» (carta a Louise, del 29 de agosto de 1847). Esta convicción de que la vida no está hecha sólo de antípodas, de que en la mayoría de los casos la dicha y la desgracia son simplemente la acumulación gradual e insensible de hechos menudos y banales, de que lo pequeño y lo opaco son más propios del hombre que lo grande y lo radiante, significa que cuando Bouilhet y Du Camp, después de la lectura de la *Tentation*, sugirieron a Flaubert un tema «común» para su novela, formulaban algo que existía como una virtualidad en el espíritu de su amigo. Porque estas ideas habían estado vinculadas desde un principio —como todo en la vida de Flaubert— a la literatura. En 1847 había asegurado a Louise Colet: «Les beaux sujets font les oeuvres mediocres».* Exageraba, por supuesto, pues un «beau sujet» bien ejecutado puede producir una obra extraordinaria, pero es interesante observar que cuatro años antes de *Madame Bovary* defendía ya los temas plebeyos. Es indudable que lo hacía en nombre de una concepción verista de la novela: lo vulgar y lo pobre le parecen legítimos porque son ciertos, porque representan la experiencia humana.

Cuando está escribiendo *Madame Bovary* lo afirma rotundamente, en una imagen precursora de aquella tan famosa de Faulkner que habla de los hombres sobre la tierra como de un puñado de insectos en el cuerpo de una perra que ésta puede sacudirse de encima en cualquier momento: «Mais la Société n'est-elle pas l'infini tissu de toutes ces petitesses, de

---

* Carta s. f. de 1847, *Corresp.*, vol. II, p. 49.

ces finasseries, de ces hypocrisies, de ces misères? L'humanité pullule ainsi sur le globe, comme une sale poignée de morpions sur une vaste motte» (carta a Louise, del 25-26 de junio de 1853). *Madame Bovary* es, en efecto, un mundo de seres cuyas existencias se componen de pequeñeces, de hipocresías, miserias y sueños menores. Esto, además de significar una ruptura con los mundos epónimos de la novela romántica, inaugura la era novelesca contemporánea, donde la mediocridad irá anegando sistemáticamente a los héroes, restándoles grandeza moral, histórica, psicológica, hasta que, al final, en nuestros días, en una culminación de ese proceso de deterioro, lleguen a convertirse en la obra de escritores como Beckett o Nathalie Sarraute en residuos, entidades vivientes en estado larval, en una agitación de tropismos vegetales, o, aún más lejos, en las novelas de un Sollers, en apenas un ruido de palabras. Esta disminución progresiva del personaje —que no terminará con la muerte de la novela, como temen algunos pesimistas, sino, probablemente, en un proceso contrario de reconstrucción, pero sobre bases distintas, del héroe novelesco— se inició sin duda con la primera novela publicada de ese hombre que en los años finales de su vida se vanaglorió de haber construido una narrativa apoyada en la «normalidad»: «Je me suis toujours efforcé d'aller dans l'âme des choses et de m'arrêter aux généralités les plus grandes, et je me suis détourné exprès de l'accidentel et du dramatique. Pas de monstres et pas de héros!».*

Pero esta incorporación de la regla no se lleva a cabo en *Madame Bovary,* pese a lo que dice Flaubert, con sacrificio de la excepción: Quasimodo también cruza fugazmente las calles de Yonville convertido en un ciego con pústulas y Emma debe algunos de sus rasgos a la preciosa gitanilla romántica. Por eso he dicho que el «realismo» de Flaubert es más un romanticismo completado que rechazado. *Madame Bovary* extendió la idea de realismo imperante en su tiempo, dio un nuevo

---

* Carta a George Sand, s. f., diciembre de 1875, *Corresp.,* vol. VII, p. 281.

impulso al designio totalizador del género novelesco. Precisamente en media redacción de la novela, Flaubert escribió a Louise que todo en la vida debía ser materia de creación: «Autrefois on croyait que la canne à sucre seule donnait le sucre. On en tire à peu près de tout maintenant; il en est de même de la poésie. Extrayons-la de n'importe quoi, car elle gît en tout et partout: pas un atome de matière qui ne contienne la pensée; et habituons-nous à considérer le monde comme une oeuvre d'art dont il faut reproduire les procédés dans nos oeuvres» (carta del 27 de marzo de 1853).

II. LA NOVELA ES FORMA

PARA VOLVER bello lo que hasta entonces parecía por antonomasia un tema antiartístico, Flaubert se valió de la forma, claro está. Esto significó llegar a la certeza de que no hay temas buenos y malos, que todos pueden ser lo uno o lo otro porque ello depende exclusivamente de su tratamiento. Lo cual nos parece obvio hoy; en su momento, era subversiva esta profesión de fe formalista que hizo a Louise: «C'est pour cela qu'il n'y a ni beaux ni vilains sujets et qu'on pourrait presque établir comme axiome, en se posant au point de vue de l'Art pur, qu'il n'y en a aucun, le style étant à lui tout seul une manière absolue de voir les coses» (carta del 16 de enero de 1852). Los novelistas románticos, como sus predecesores, habían puesto siempre en práctica esta teoría, pero no se la habían planteado intelectualmente; al contrario, siempre habían dicho que la belleza de una obra dependía de factores como la sinceridad, la originalidad, los sentimientos implícitos en el asunto. Por lo demás, si tanto en el siglo XIX como en los anteriores algunos poetas habían reflexionado sobre la importancia absoluta de la forma, esto no había sucedido entre los novelistas, aun los más grandes. No hay que olvidar que hasta entonces la novela seguía siendo considerada el género más plebeyo y el menos artístico de la literatura, el alimento de los espíritus comunes, en tanto que la poesía y el teatro eran las formas elevadas y nobles de la creación. Había habido ya novelistas geniales, desde luego, pero se trataba de genios intuitivos, que admitían de buena gana su papel de creadores de segunda clase (a veces después de fracasar como creadores de primera, es decir, componiendo poemas y tragedias), cuya misión, de acuerdo al nivel popular de su audiencia, era «entretener». Con Flaubert ocurre una curiosa paradoja: el mismo escritor que convierte en tema de novela el mundo de los hombres mediocres y los espíritus rastreros advierte que, al igual que en poesía, también en la ficción todo depende esencialmente de la forma, que ésta decide la fealdad y la belleza de los temas, su verdad y su mentira, y proclama que el novelista debe ser, ante todo, un artista, un trabajador incansable e incorruptible del estilo. Se trata, en suma, de lograr esta simbiosis: dar vida, mediante un arte depurado y exquisito (aristocrático, dice él), a la vulgaridad, a las experiencias más compartidas de los hombres. Es lo que alaba entusiasmado en el cuento «La paysanne» de Louise Colet: «Tu as condensé et réalisé, sous une forme *aristocratique,* une histoire commune et dont le fond est à tout le monde. Et c'est là, pour moi, la vrai marque de la force en littérature. Le lieu commun n'est manié que par les imbéciles ou par les très grands. Les natures médiocres l'évitent; elles recherchent l'ingenieux, l'accidenté».* Ignoro si la Musa consiguió efectivamente esa alianza en su cuento, pero no hay duda que Flaubert la logró en *Madame Bovary* y que es una de las hazañas del libro, como lo vio Baudelaire, según el cual la novela demuestra que «tous les sujets sont indifféremment bons ou mauvais, selon la manière dont ils sont traités et que les plus vulgaires peuvent devenir les meilleurs».**

---

* Carta del 2 de julio de 1853. El subrayado es de Flaubert.
** Charles Baudelaire, *op. cit.*

Reivindicar el tema común para la novela fue simultáneo en Flaubert con la máxima exigencia en el dominio del lenguaje, con un propósito, repetido una y mil veces en sus cartas de esos años, que sintetiza en esta fórmula: dar a la prosa narrativa la categoría artística que hasta entonces sólo ha alcanzado la poesía. Sabe que, si lo consigue, habrá logrado que las «vidas ordinarias» que relata en su novela se eleven al nivel de la epopeya: «Vouloir donner à la prose le rythme du vers (en la laissant prose et très prose) et écrire la vie ordinaire comme on écrit l'histoire ou l'épopée (sans dénaturer le sujet) est peut-être une absurdité. Voilà ce que je me demande parfois. Mais c'est peut-être aussi une grande tentative et très originale!» (carta a Louise, del 27 de marzo de 1853). Así como quiere disputar a la poesía las virtudes de sonoridad, precisión, armonía y ritmo, en otras ocasiones dice que su prosa deberá tener, como el drama, rapidez, claridad y apasionamiento: «Quelle chienne de chose que la prose! Ça n'est jamais fini; il y a toujours à refaire. Je crois pourtant qu'on peut lui donner la consistence du vers. Une bonne phrase de prose doit être comme un bon vers, *inchangeable,* aussi rythmée, aussi sonore. Voilà du moins mon ambition (il y a une chose dont je suis sûr, c'est que personne n'a jamais eu en tête un type de prose plus parfait que moi; mais quant à l'exécution, que de faiblesses, que de faiblesses mon Dieu!). Il ne me paraît pas non plus impossible de donner à l'analyse psychologique la rapidité, la netteté, l'emportement d'une narration purement dramatique».[*]

Estas dos preocupaciones —aprovechamiento del tema común, cuidado obsesivo de la forma— eran indisociables en el autor de *Madame Bovary.* Extrañamente, los discípulos cercanos y remotos harán una división de ambas actitudes y *tomarán partido por una en contra de la otra.* Incluso en nuestros días

---

[*] Carta a Louise Colet, s. f., julio de 1852, *Corresp.,* vol. II, pp. 468-469.

puede rastrearse esa doble estirpe de novelistas, enemistados irreconciliablemente entre sí y que sin embargo reconocen a Flaubert como su maestro. La guerra entre «realistas» y «formalistas», que ven por igual a *Madame Bovary* como un libro precursor, es algo que empezó en vida de Flaubert. La influencia más inmediata que ejerció la novela fue sobre la generación de Zola, Daudet, Maupassant, Huysmans, escritores que la tuvieron siempre como modelo del tipo de realismo que ellos entronizaron oficialmente en la literatura francesa. Maupassant, en el prólogo de *Pierre et Jean,* afirma haber aprendido de boca de Flaubert ese axioma naturalista: que todo puede ser buen tema literario, aun lo más anodino y trivial, porque «la moindre chose contient un peu d'inconnu», y Émile Zola dedica a Flaubert el más entusiasta estudio en *Les Romanciers naturalistes.* Para este movimiento que hizo de los temas cotidianos el asunto primordial de la narrativa y que quiso sustituir los personajes excepcionales por hombres corrientes que son fiel reflejo de un medio social, el gran fresco literario donde habían quedado retratados Charles Bovary, Homais, Bournisien, Rodolphe, Léon y, sobre todo, Emma, fue objeto de culto y de imitación; y esto vale para otras literaturas en las que prendieron las tesis naturalistas, como España, donde la mejor novela del siglo XIX, *La Regenta,* de Leopoldo Alas, debe mucho a *Madame Bovary.* Sin embargo, los naturalistas no practicaron de manera ortodoxa la noción de realismo que plasma la novela de Flaubert. Ésta ganó para la ficción ciertas zonas inéditas de la experiencia humana, pero sin excluir las que eran desde hacía siglos el cuerpo de la narrativa. Este proceso totalizador se detuvo y empobreció porque los naturalistas se concentraron de modo excluyente en la descripción de lo cotidiano y lo social y porque adoptaron hábitos formales que se repetían mecánicamente de novela en novela. Algunos libros de Zola son todavía legibles y no hay duda que los cuentos de Maupassant tienen una notable calidad artística, pero, considerado como conjunto, el naturalismo dejó un saldo menor, porque los novelistas a menudo descuidaron la forma. «Pour qu'une chose soit intéressante, il suffit de la regarder longtemps», había dicho Flaubert.* Sí, pero en su caso aquello que resultaba interesante como asunto literario era sometido a un tratamiento formal escrupuloso, capaz de dotarlo de categoría artística. Lo mediocre —lo normal— sólo llega a tener vida literaria si el creador consigue imbuirle cierta excepcionalidad (del mismo modo que lo excepcional sólo vive en literatura si se presenta con las facciones de una cierta normalidad), es decir, como una experiencia privilegiada y única. Lo notable de *Madame Bovary* es que sus seres vulgares, de ambiciones y problemas pedestres, impresionan, por obra de la estructura y la escritura que los crea, *como seres fuera de lo común dentro de su manera de ser común.* Muchos movimientos que se proclamaban realistas fracasaron porque para ellos el realismo consistía en tomar pedazos de la realidad común y genérica y describirla con la mayor fidelidad y una mínima elaboración artística. Una cosa no excluye la otra: la elección de un tema «realista» no exonera a un narrador de una responsabilidad formal, porque, sea cual sea la materia sobre la que escribe, todo en su libro será tributario en última instancia de la forma. Flaubert advirtió en los escritores que se decían sus discípulos desdén por el factor puramente estético y esto lo horrorizaba. Por eso se negó a asumir el papel de fundador que le conferían y muchas veces execró el realismo («On me croit épris du réel, tandis que je l'exècre; car c'est en haine du réalisme que j'ai entrepris ce roman», le dijo a Madame Roger des Genettes a propósito de *Madame Bovary*),** no porque este vocablo le sugiriese una temática que le repugnara, sino desinterés por «el estilo» y «la belleza» que eran para Flaubert la razón de ser de la literatura. Se lo explicó a George Sand, quien le había mencionado la enorme influencia que tenía en-

---

* Carta a Le Poittevain, s. f., septiembre de 1845, *Corresp.*, vol. I, p. 192.
** Carta s. f., de octubre o noviembre de 1856, *Corresp.*, vol. IV, p. 134.

tre los jóvenes escritores: «À propos de mes amis, vous ajoutez "mon école". Mais je m'abîme le tempérament à tâcher de n'avoir pas d'école! *A priori*, je les repousse toutes. Ceux que je vois souvent et que vous désignez recherchent tout ce que je méprise et s'inquiètent médiocrement de ce qui me tourmente. Je regarde comme très secondaire le détail technique, le renseignement local, enfin le côté historique et exact des choses. Je recherche par-dessus tout la *beauté*, dont mes compagnons sont médiocrement en quête. Je les vois insensibles, quand je suis ravagé d'admiration ou d'horreur».*

Esta absorbente pasión estética es tan esencial a *Madame Bovary* como que incorporase a la novela el tema de la vida mediocre. Toda una serie de escritores, entre ellos algunos de los más grandes prosistas modernos, admiran este aspecto formal con negación u olvido del otro y de este modo se declaran flaubertianos por razones opuestas a las de un Zola o un Maupassant. El primero entre los grandes es el novelista-artista por excelencia, el más inteligente y refinado de los narradores de su época, el maestro de los malabares con el punto de vista, el mago de la ambigüedad: Henry James. Alcanzó a conocer personalmente a Flaubert en los últimos años de su vida, y ha dejado una emotiva imagen de lo que eran los domingos en la tarde, en el pequeño apartamento del Faubourg Saint-Honoré, cuando acudían allí a charlar con Flaubert sus amigos escritores. En un estudio publicado en 1902, James coronó a Flaubert «el novelista de los novelistas», destacando casi exclusivamente el esplendor artístico que, gracias al autor de *Madame Bovary*, adquirió el género novelesco.** Ensayo sutil y penetrante, a la vez que tan parcial y arbitrario como el de Zola (aunque por razones opuestas), resume con mucha exactitud lo que significó la forma para Flaubert y su

---

* Carta s. f., de fines de diciembre de 1875, *Corresp.*, vol. VII, p. 281.
** Henry James, «Gustave Flaubert», incluido en *Notes on novelists*, New York, Scribner, 1914.

método de trabajo, el que, dice, consistía en encontrar un estilo para poder «sentir» un tema, a la inversa de los novelistas románticos, quienes creían que había que «sentir» un tema para poderlo expresar adecuadamente. Es menos persuasiva —pero sintomática— la tesis de James de que en *Madame Bovary* la forma es rica y la materia pobre, y francamente absurdo el reproche de que Flaubert no fue capaz de crear en esa novela personajes «ricos e interesantes» (en realidad, *quería* hacer lo contrario). Pese a que Henry James objetaba algunos libros de Flaubert (en 1883, en *French poets and novelists* había estampado una barbaridad: que *L'Éducation sentimentale* no tenía ningún interés), fue el primero en reconocer, en *The art of the fiction,* que gracias a Flaubert la novela había llegado a ser una de las grandes formas artísticas en Europa. La lectura esteticista de Flaubert tiene una filiación que llega a nuestros días, en donde, como he recordado antes, los autores franceses del «nouveau roman», formalistas a ultranza, lo llamaron su precursor por haberse planteado la literatura, un siglo antes que ellos, como un problema de lenguaje. Una escala importante en esa línea de descendientes «artísticos» (para oponerlos, con una fórmula esquemática, a los «realistas») es Proust, para quien aquél es sobre todo el maestro del estilo, un narrador capaz de consubstanciarse con lo que describe, de desaparecer en el objeto de su descripción, lo que, dice, es la única manera de dar vida y verdad a lo descrito. El autor de la *Recherche* alababa en él, principalmente, los silencios o blancos de su estilo, es decir, su talento para narrar por omisión, su uso del dato escondido.[*]

Proust no admiró tanto a Flaubert como a Balzac, pero es probable que su deuda con aquél sea mayor que con éste. El método descriptivo de Flaubert, el estilo indirecto libre, ya lo vimos, abrió una puerta hacia la subjetividad del personaje

---

[*] Marcel Proust, «À propos du style de Flaubert», en *Chroniques,* París, Éditions de la Nouvelle Revue Française, 1927.

y permitió por primera vez representar directamente la vida de la mente. En *Madame Bovary* este sistema es empleado casi siempre para mostrar cómo, a partir de un estímulo cualquiera de la realidad, la mente humana rescata a través de la memoria experiencias extintas, cómo toda sensación, sentimiento o hecho profundamente vivido no es algo aislado, sino la apertura de un proceso al que el recuerdo, a lo largo del tiempo, irá añadiendo sentidos y significaciones según sobrevengan nuevas experiencias. La memoria erigida como indeleble, empecinado ariete contra el tiempo, recobrando a partir de cada nuevo incidente lo ya vivido es algo constante en *Madame Bovary*, y, en este aspecto, el libro resulta un antecedente de la prodigiosa aventura de Proust: recrear una realidad en función de este nivel preponderante de la experiencia, la memoria, que organiza y reorganiza lo real, que rehace perpetuamente lo que su gran enemigo y proveedor, el tiempo, va destruyendo.

III. EL MONÓLOGO INTERIOR

En cuanto a técnica narrativa, toda la crítica ha destacado la importancia que tiene el estilo indirecto libre, inventado por Flaubert, para la novela moderna. Thibaudet fue el primero en señalarlo: «Aujourd'hui, le style indirect libre circule partout, et c'est certainement à Flaubert, à l'imitation de Flaubert qu'on le doit».* No se trata de una imitación, por lo menos en el caso de auténticos creadores, capaces de servirse de formas ajenas de una manera original (con lo cual esas formas dejan de ser ajenas y pasan a ser suyas). La imitación en literatura no es un problema moral sino artístico: todos los escritores utilizan, en grados diversos, formas ya usadas, pero sólo los incapaces de transformar esos hurtos en algo personal merecen llamarse imitadores. La originalidad no sólo

---

* Albert Thibaudet, *op. cit.,* p. 246.

consiste en inventar procedimientos; también en dar un uso propio, enriquecedor, a los ya inventados. La significación del estilo indirecto libre no se debe tanto a que esa técnica para mostrar la interioridad es usada por incontables novelistas contemporáneos con las mismas características que la usó Flaubert, sino a que fue el punto de partida de una serie de procedimientos que, revolucionando las formas narrativas tradicionales, han permitido a la novela describir la realidad mental, representar de manera vívida la intimidad psicológica. El estilo indirecto libre es, de un lado, antecedente del discurso proustiano para la lenta, oleaginosa reconstrucción por la memoria del tiempo ido, y, de otro, el precedente más inmediato del monólogo interior, tal como fue concebido, primero, por Joyce, en el episodio final del *Ulysses,* y, luego, perfeccionado y diversificado (para representar no sólo el desenvolvimiento de una conciencia «normal» sino también distintos tipos de «anormalidad» psíquica) por Faulkner. De este modo, todo el vasto sector psicologista de la novela moderna, en el que de un modo u otro la perspectiva dominante en la realidad ficticia es la mente humana, resulta tributario de *Madame Bovary,* la primera novela que intentó representar el funcionamiento de la conciencia sin recurrir, como se había hecho hasta entonces, a sus manifestaciones externas.

IV. LAS TÉCNICAS DE LA OBJETIVIDAD:
   LA NOVELA BEHAVIORISTA

LA CRÍTICA ha soslayado, en cambio —tal vez por ese maniqueísmo omnipresente en el pensamiento contemporáneo que exige que todo sea unívoco, que nada pueda participar a la vez de dos principios opuestos—, la relación que existe entre Flaubert y el ramal de la narrativa contemporánea adversario (superficialmente hablando) de la tendencia psicológica. Me refiero a la llamada novela conductista, aquella en la que predominan los actos sobre las motivaciones, aquella donde la perspectiva primera del relato no es el mundo interior de las ideas y sentimientos sino el mundo exterior de las conductas, los objetos y los sitios. Esta novela que describe sin interpretar, que muestra sin juzgar, en la que el factor visual es preponderante, que quiere ser «objetiva», ¿no tiene acaso un parentesco irremediable con el predicador incansable de la impersonalidad y la impasibilidad, y, por lo tanto, con la primera novela en que estas teorías se encarnaron? El impersonalismo, que Flaubert exigía para la novela, tentó también a algunos poetas de su tiempo. Los parnasianos, con Leconte de Liste a la cabeza, pretendían eliminar la subjetividad del autor, y postulaban un arte sereno, una poesía que tuviera la belleza sólida y visible de un paisaje natural o de un grupo escultórico. Pero la poesía pronto cambió de rumbo, la subjetividad recobró sus fueros y en la poesía moderna la tendencia objetiva es, sin duda, la menos valiosa. En la novela, en cambio, ha perdurado hasta nuestros días, y en algunas épocas y países —Estados Unidos, el período entre las guerras mundiales— dominó la narrativa y dio novelistas de gran talento, como Dos Passos y Hemingway.

La tendencia objetivista tiene como rasgos generales el uso preferente, para narrar, del punto de vista de ese narrador omnisciente que he llamado el relator invisible, y el papel clave que juega en ella la descripción. Algunos críticos atribuyen a Hemingway la invención del relator invisible, por el uso brillante que dio a este punto de vista, y otros señalan que su aparición en la novela fue una consecuencia del cine. En realidad, ya lo vimos, es el punto de vista hegemónico en *Madame Bovary* y Flaubert fue el primero en instrumentalizar ciertas formas de escritura para hacerlo posible. En cuanto a la descripción, quiero citar una frase de Geneviève Bollème sobre lo que esta técnica pasó a ser en la novela gracias a Flaubert: «Alors que jusqu'à lui la description n'entrait dans le récit que pour le soutenir, le rendre plus véridique, alors que son rôle était seulement épisodique, elle devient pour lui l'expérience unique par laquelle il semble possible d'exprimer les mouvements de la vie. C'est la description qui est le récit parce qu'elle est analyse et expression des sentiments que les choses symbolisent ou supportent, se confondant avec eux et eux avec elles».*

Geneviève Bollème establece así una genealogía entre Flaubert y aquellos escritores que, como Robbe-Grillet, «mirón» encarnizado, han reducido prácticamente la novela a este único procedimiento. Lo cierto es que, a partir de *Madame Bovary*, la descripción pasó a cumplir una función sobresaliente en aquellas novelas narradas por un relator invisible, por la simple razón de que una de las tácticas más eficaces para disimular la existencia del narrador omnisciente es hacer de él una imparcial y minuciosa mirada, unos ojos que observan la realidad ficticia desde una distancia que jamás se acorta ni alarga y una boca que refiere lo que esos ojos ven con precisión científica, total neutralidad y sin insinuar nunca una interpretación de lo descrito. Flaubert usó el relator invisible para dar autonomía a lo narrado, conseguir que el mundo ficticio pareciera soberano. Este designio motivó que la descripción se convirtiera en algo más que un complemento del relato (Geneviève Bollème dice que en su instrumento «único»; yo diría sólo el principal, pues el diálogo y el monólogo tienen también un papel en *Madame Bovary*). Lo mismo ocurre en la novela behaviorista moderna y por las mismas razones. Por ejemplo, el narrador de *El Jarama* de Sánchez Ferlosio, y de la mayoría de las novelas de ese realismo crítico que estuvo de moda en España en los años cincuenta y comienzos de los sesenta, es un descriptor incesante del mundo objetivo: la enumeración detallista, impersonal, aparentemente desinteresada de comportamientos, objetos y lugares borra la presencia del narrador. Son incontables los novelistas modernos

---

* Geneviève Bollème, *op. cit.,* p. 268.

que, como Flaubert en *Madame Bovary,* se han valido de la descripción objetiva para hacer invisible al relator de la ficción. En sus novelas, de esa invisibilidad depende la verosimilitud de lo narrado, al revés de una novela clásica, donde la verosimilitud suele depender de la capacidad de persuasión —es decir, de la *presencia*—, directa y personal, del narrador omnisciente, un intruso a menudo más visible y actuante que los propios personajes.

V. BERTOLT BRECHT Y FLAUBERT O LA PARADOJA

PERO HAY una importante comarca de la literatura contemporánea —concierne más al teatro y a la poesía que a la novela— que está en absoluto desacuerdo con las teorías de Flaubert sobre la impasibilidad y neutralidad del creador, su condena de la literatura *probante* y la autonomía de la obra de arte respecto de la vida. Me refiero a esa corriente pedagógica y ética según la cual verdad histórica y verdad artística son inseparables y que asigna a la literatura la responsabilidad de educar a los hombres ideológicamente, describiéndoles los problemas que viven, suministrándoles la interpretación correcta de sus causas y efectos y las armas para remediarlos. La figura más grande, dentro de esta tendencia —no sólo por el alto nivel artístico de su obra sino porque fue quien con más lucidez y claridad teorizó los fundamentos de esta estética—, ha sido Bertolt Brecht. Siempre me ha tentado compararlo a Flaubert, porque, curiosamente, pese a representar cada uno dos extremos de la manera de entender la vocación del escritor y la naturaleza de la obra literaria, tienen, me parece, algo común: haber obtenido, cada cual, en su obra respectiva, en un caso más de contradicción entre intenciones y realizaciones de que está repleta la literatura, resultados opuestos a los que se propusieron al concebirlas.

Ambos fueron, al mismo tiempo, grandes creadores y grandes teóricos de su arte (aunque las teorías de Flaubert estén diseminadas sólo en cartas personales y en un prólogo de pocas páginas); sus obras representan la cúspide de las tendencias que fundaron o contribuyeron decisivamente a fundar. De otro lado, es difícil imaginar dos artistas más alérgicos uno al otro. El punto de partida tiene en los dos, sin embargo, algo similar: el odio al «burgués». Pero es verdad que en Brecht burgués significa clase social explotadora, dueña de los medios de producción, y en Flaubert poco menos que sinónimo de hombre: la excepción son un puñado de escritores («Moi, je comprends dans ce mot de "bourgeois" le bourgeois en blouse comme les bourgeois en redingote. C'est nous, et nous seuls, c'est à dire les lettrés, qui sommes le Peuple, ou pour parler mieux, la tradition de l'Humanité»).* Brecht era un ser de ideas sociales generosas, un hombre sensible a la injusticia de que es víctima la mayoría, y, también, un optimista: creía que esa situación podía cambiar con una revolución y que la literatura contribuiría al cambio abriendo los ojos y alertando las conciencias de la gente sobre la «verdad». Decir y propagar la verdad era para él misión principal de la literatura, y uno de sus textos teóricos más célebres es, justamente, el análisis de las *Cinco dificultades* que debe sortear el escritor para cumplir victoriosamente esa obligación. Éstas son las ideas básicas en que se inspiran sus teorías sobre el teatro épico, su condena del aristotelismo —el arte mimético de la naturaleza— y las técnicas de la distanciación. Flaubert, en cambio, era un profundo egoísta en lo que respecta a la injusticia social, y, a lo largo de su vida, no se preocupó sino de los problemas que atañían a su persona y a la literatura. Con el pretexto de odiar al burgués, odiaba y despreciaba a los hombres; amaba la literatura porque le parecía una manera de escapar a la vida y de vengarse de ella, y en lo que se refiere a la historia era terriblemente pesimista: el futuro siempre sería peor que el pre-

---

* Carta a George Sand, s. f., mayo de 1867, *Corresp.,* vol. V, p. 300.

sente, que era peor que el pasado, y nada tenía remedio, lo que, por lo demás, tampoco le parecía injusto pues los hombres no se merecían otra cosa. Este escepticismo catastrofista y soberbio sobre el destino humano es, quizá, la explicación recóndita de su teoría de la impasibilidad, su defensa de un arte indiferente y objetivo, donde todo ocurra sin emoción ni intervención ajena, de una literatura sin moraleja: «*L'humanité est ainsi, il ne s'agit pas de la changer, mais de la connaître*», le escribió a Mlle. Leroyer de Chantepie.*

Lo paradójico es que los productos artísticos de ambas actitudes contrarias son también contrarios en relación a las teorías de sus autores. El democrático Brecht escribe una obra que, en la práctica, parece suponer el infantilismo o la ineptitud de su público: todo debe serle explicado y subrayado para no dar la menor oportunidad al equívoco, a la interpretación incorrecta. La literatura adopta la forma de una clase en la que el autor, un riguroso dómine, explica a los alumnos una lección en la que van incluidas ciertas historias y sus enseñanzas, unas fábulas y las verdades excluyentes que ilustran. El «mensaje» es impuesto al lector o espectador (a menudo con genio) al mismo tiempo que una historia y unos personajes, sin dejarle escapatoria ni elección: la literatura resulta así, como las dictaduras, algo que no deja otra disyuntiva que el sometimiento o el rechazo totales. Proselitista, paternalista, magisterial, se trata de un arte, en un sentido profundo, religioso, no sólo porque se dirige a los hombres como convencidos o catecúmenos, sino porque exige de ellos —pese a su fisonomía empeñosamente racionalista—, desde el principio y ante todo, un acto de fe: la aceptación de una verdad única y anterior a la obra de arte.

El despectivo Flaubert, en cambio, realizó una obra que en la práctica supone (en la medida que las exige) la adultez y la libertad del lector: si hay *una* verdad en la obra literaria

---

* Carta del 18 de mayo de 1857. El subrayado es de Flaubert.

(porque es posible que haya varias y contradictorias), se halla escondida, disuelta en el entramado de elementos que constituyen la ficción, y le corresponde al lector descubrirla, sacar por su cuenta y riesgo las conclusiones éticas, sociales y filosóficas de la historia que el autor ha puesto ante sus ojos. El arte de Flaubert respeta por sobre todas las cosas la iniciativa del lector. La técnica de la objetividad está encaminada a atenuar al máximo la inevitable «imposición» que conlleva toda obra de arte. No digo, claro está, que las novelas de Flaubert carecen de ideología, que no proponen una cierta visión de la sociedad y del hombre, sino que, en su caso, estas ideas no son causa sino más bien efecto de la obra de arte; ésta no es para el creador mera consecuencia de una verdad previa que él posee y trasmuta en ficción, sino lo opuesto: la búsqueda, mediante la creación artística, de una posible e ignorada verdad. La diferencia con Brecht es que en Flaubert la ideología es implícita a la ficción, una estructura conceptual que resulta de lo creado y nunca lo precede, algo que yace en lo profundo de la historia y frente a esa verdad sumergida el autor y el lector tienen exactamente los mismos derechos para bucear tras ella y sacarla a la luz. El resultado de la estrategia artística de Flaubert es, en muchos casos, que la intencionalidad del autor se extravía en el curso de la creación y es sustituida por una intencionalidad moral, política o filosófica generada por la propia ficción, que puede discrepar con la ideología consciente del creador. La estrategia de la creación artística flaubertiana introduce siempre un principio relativizador, una ambigüedad de interpretación, por el hecho de excluir de la obra de arte todo mensaje explícito. De este modo queda descartada una lectura unívoca: la interpretación será siempre exterior a lo creado, un añadido que podrá variar según la obra repercuta en cada época o en cada persona. Es el lector quien debe, según su inteligencia, convicciones y experiencias, relacionar ficción y realidad, vincular (o desvincular) lo imaginario con lo vivido. Paradójicamente, el novelista que odiaba a los hombres concibió una literatura respetuosa del lector, en la que éste es tratado como un igual y comparte con el autor la tarea de acabar la obra descifrando su significado, y, en cambio, el escritor que amaba al hombre concibió una literatura que implica desdén o, cuando menos, una tenaz desconfianza hacia el lector ya que únicamente exige de él obediencia y credulidad.

VI. LA LITERATURA COMO PARTICIPACIÓN NEGATIVA EN LA VIDA

HAY, POR FIN, otro aspecto en Flaubert que me parece particularmente vigente. No se refiere a los aportes de *Madame Bovary* a la novela, sino al ejemplo que puede constituir la manera como Flaubert asumió su vocación para los novelistas que, en nuestros días, tienen todavía una concepción alta de su oficio. La literatura narrativa tiende cada vez más, hoy, a consecuencia de la especialización que ha traído el desarrollo industrial y el establecimiento de la sociedad moderna, a diversificarse en dos ramales inquietantes: una literatura para el consumo, ejecutada por profesionales de mayor o menor habilidad técnica, que se limitan a producir de manera serial, y según procedimientos mecánicos, obras que repiten el pasado (temático y formal) con un ligero maquillaje moderno, y que, en consecuencia, predican el conformismo más abyecto ante lo establecido (y dentro de esta tendencia caben, por igual, la literatura de best-sellers del mundo capitalista y esa literatura patriotera, complaciente y oficialesca del mundo socialista) y una literatura de catacumbas, experimental y esotérica, que ha renunciado de antemano a disputar a la anterior la audiencia de un público y mantiene un nivel de exigencia artística, de aventura y novedad formal, al precio (y, se diría, la manía) del aislamiento y la soledad. De un lado, por obra de los mecanismos trituradores de la oferta y la demanda de la sociedad industrial o los halagos y chantajes del estado-patrón, la literatura es convertida en un quehacer inofensivo, en un instrumento de diversión benigno, privada de lo que fue siempre su más importante virtud, el cuestionamiento crítico de la realidad (mediante representaciones que, tomando de esta realidad todos sus átomos, significaban, a la vez, su revelación y negación), y el escritor en un productor domesticado y previsible, que propaga y fomenta los mitos oficiales, perfectamente sumiso a los intereses reinantes: el éxito, el dinero, o las migajas de poder y de confort que el Estado dispensa a los intelectuales dóciles. De otro lado, la literatura se ha vuelto un saber especializado, sectario y remoto, un mausoleo superexclusivo de santos y héroes de la palabra, que han cedido soberbiamente a los escritores-eunucos el enfrentamiento con el público, el mandato de la comunicación, y que se han enterrado en vida para salvar a la literatura de la ruina: escriben entre sí o para sí, dicen estar empeñados en la rigurosa tarea de la investigación verbal, en la invención de formas nuevas, pero, en la práctica, multiplican cada día las llaves y cerraduras de ese recinto donde han encarcelado a la literatura, porque, en el fondo, alientan la terrible convicción de que sólo así, lejos de la promiscua confusión donde reinan, todopoderosos, los medios de comunicación masivos, la publicidad, y los productos seudoartísticos de la industria editorial que alimenta al gran público, puede en nuestros días florecer, como orquídea de invernadero, clandestina, exquisita, preservada del encanallamiento por códigos herméticos, asequible sólo a ciertos esforzados cofrades, una auténtica literatura de creación.

Flaubert es un caso aleccionador frente a este problema. Él escribió en un período en el que, debido al crecimiento industrial, sobrevendría una enorme expansión del mercado literario y la novela sería adoptada como el género más popular entre los sectores sociales ganados para la lectura. Por primera vez se iba a plantear, con la nueva sociedad, el peligro de la emasculación de la vocación literaria a causa de su dependencia de la industria, es decir, el profesionalismo del escritor, que, en la práctica, equivaldría en innumerables casos a su recuperación por parte de la sociedad, a un control de su trabajo mucho más eficaz que el que imponía el mecenazgo antiguo. Hay una intuición angustiosa de este peligro en Flaubert. De allí la fobia que tuvo siempre a *publicar* lo que escribía, esas afirmaciones que proliferan en sus cartas, a lo largo de toda su vida, de que escribe decidido a no ser más tarde editado, por razones que siempre resultan confusas, porque tampoco estaban claras para él, pero que se resumían probablemente en un oscuro temor: el de que, al caer en el mecanismo industrial, se viera amenazada su libertad. La revolución industrial, el surgimiento de nuevas clases en los puestos de mando de la economía y la política, la democratización de la educación y la cultura en Francia no alegraron a Flaubert; le produjeron horror. Sus cartas a George Sand, por ejemplo, que tenía veleidades progresistas, hierven de improperios y de ironías contra el sufragio universal —el más extravagante absurdo, según él—, contra la participación política de la mayoría, las instituciones representativas o la sola idea de la universalización de la cultura. La caída del Segundo Imperio lo desmoralizó porque pensaba que en la democracia burguesa ya no habría sitio para el arte, ese «quehacer inútil», según lo llamó, es decir, para lo que constituía su vida. Este mandarín anarquista dijo muchas veces que la literatura no era para él un servicio público, sino una terapia contra la desesperación, una manera de soportar una vida que le parecía odiosa. Se podrían citar decenas y tal vez centenas de párrafos de sus cartas mostrando que, para él, escribir era una compensación egoísta, una manera pusilánime, imaginaria, de dar salida a pulsiones profundas de su ser: «Je suis né avec un tas de vices qui n'ont jamais mis le nez à la fenêtre. J'aime le vin; je ne bois pas. Je suis joueur et je n'ai jamais touché une carte. La débauche me plaît et je vis comme un moine. Je suis mystique au fond et je ne crois à rien», le escribió a Louise Colet cuando estaba contando la historia de una mujer que trata de rebelarse contra represiones parecidas (carta del 8-9 de mayo de 1852). Hay una carta, sobre todo, tan citada por sus enemigos, que contiene esa orgullosa afirmación individualista, ese desprecio señorial por el resto de los hombres: «Je suis tout bonnement un bourgeois qui vit retiré à la campagne, m'occupant de littérature, et sans rien demander aux autres: ni considération, ni honneur, ni estime même. Ils se passeront donc de mes lumières. Je leur demande en revanche qu'ils ne m'empoisonnent pas de leurs chandelles. C'est pourquoi je me tiens à l'écart».[*] Después, a Mlle. Leroyer de Chantepie: «Le seul moyen de supporter l'existence, c'est de s'étourdir dans la littérature comme dans un orgie perpétuelle» (carta del 4 de septiembre de 1858). Diez años más tarde, a la princesa Mathilde: «A défaut du réel, on tâche de se consoler par la fiction»,[**] afirmación que, completada con esta otra de tres años después, a la misma princesa Mathilde, explica lo que llamo el «elemento añadido»: «Quand nous trouvons le monde trop mauvais, il faut se réfugier dans un autre» (carta del 3 de mayo de 1871). Dos años más tarde será aún más explícito al decir a George Sand que la literatura es su pasión porque escamotea la vida: «Dès que je ne tiens plus un livre ou que je ne rêve pas d'en écrire un, il me prend un ennui *à crier*. La vie ne me semble tolérable que si on l'escamote».[***]

Creo que estas citas son suficientes para mostrar hasta qué punto y con qué constancia Flaubert se consideró un ser marginal a la sociedad y cómo creyó siempre que su vocación literaria era consecuencia directa y afirmación de esta marginalidad.[****] Pienso que el trastorno que significó para la cul-

---

[*] Carta a Maxime du Camp, s. f., de principios de julio de 1852, *Corresp.*, vol. II, pp. 452-453.

[**] Carta s. f., de junio de 1868, *Corresp.*, vol. V, p. 378.

[***] Carta del 20 de julio de 1873. El subrayado es de Flaubert.

[****] Que esta marginalidad fuera una actitud psicológica y moral y no una realidad económica en quien podía dedicar todo su tiempo a escribir porque percibía rentas, es obvio, pero para lo que quiero decir esta distinción carece de importancia.

tura en general y para la literatura en particular el nacimiento de la sociedad industrial, el desarrollo veloz de la alta y media burguesía, es tan importante para explicar el anacoretismo de Flaubert como su situación familiar. En todo caso, es evidente que las condiciones estaban dadas para que, a partir de esta actitud de desesperado individualismo ante la vocación, lúcidamente asumida como una ciudadela contra el mundo, surgiera una estética de la incomunicabilidad o del suicidio de la novela, un arte en el que la marginación social y psicológica del artista tuviera un equivalente formal, es decir, un arte de lo particular, de lo fragmentario, de lo inexpresable, de la destrucción. De una vocación apoyada en el rechazo furibundo de los hombres podía haber nacido una literatura en la que la palabra no fuera lugar de encuentro, sino escudo, frontera, tumba, prueba de la imposibilidad de conciliar arte y diálogo en la nueva sociedad tumultuosa.

Y sin embargo, no, Flaubert no fue el sepulturero genial de la novela. Su pesimismo no se tradujo en una literatura del silencio, en un virtuosismo solipsista, en un aristocrático juego lingüístico de reglas vedadas a la injerencia pública. Desde su mundo *aparte,* Flaubert, a través de la literatura, entabló una activa polémica con ese mundo odiado, hizo de la novela un instrumento de *participación negativa* en la vida. En su caso, pesimismo, desencanto, odio, no impidieron la imprescindible comunicación, lo único que puede asegurar a la literatura una función en la sociedad más importante que ser un quehacer lujoso o un deporte superior, sino que, más bien, dieron al diálogo entre creador y sociedad una naturaleza tirante y arriesgada, entrañable, y, sobre todo, sediciosa. Flaubert tenía dieciocho años cuando escribió: «Si jamais je prends une part active au monde, ce sera comme penseur et démoralisateur» (carta a Ernest Chevalier, del 24 de febrero de 1839). Cumplió rigurosamente su palabra, y, al hacerlo, señaló la temeraria pero posible y fundamental misión que podía cumplir la literatura en esa nueva sociedad en la que, debido a la creciente concentración del poder y al desarrollo de la tecnología, todo tendería a ser planificado, controlado, orientado, centralizado: constituir la negatividad (el «mal», diría Bataille), el reducto siempre incontrolable de la insatisfacción y la crítica, ese corrosivo *margen* desde el cual todo se cuestiona, relativiza o impugna, el último bastión de la libertad. La literatura fue para Flaubert esa posibilidad de ir siempre más allá de lo que la vida permite: «Voilà pourquoi j'aime l'Art. C'est que là, au moins, tout est liberté dans ce monde des fictions. On y assouvit tout, on y fait tout, on est à la fois son roi et son peuple, actif et passif, victime et prêtre. Pas de limites; l'humanité est pour vous un pantin à grelots que l'on fait sonner au bout de sa phrase comme un bateleur au bout de son pied (je me suis souvent, ainsi, bien vengé de l'existence; je me suis repassé un tas de douceurs avec ma plume; je me suis donné des femmes, de l'argent, des voyages)...» (carta a Louise Colet, del 15-16 de mayo de 1852). Lo que significa que a este pesimista le bastaba tomar la pluma para que una cierta confianza lo ganara, para que un sentimiento de seguridad, de exaltación beligerante, reemplazara el desencanto y la parálisis. Las heridas y decepciones que recibe (o cree que recibe) de los otros se convierten, por mediación de la literatura, en agresiones contra la sociedad: «Sacré nom de Dieu! il faut se raidir et emmerder l'humanité qui nous emmerde! Oh! je me vengerai! je me vengerai! Dans quinze ans d'ici, j'entreprendrai un grand roman moderne où j'en passerai en revue!» (carta a Louise, del 28-29 de junio de 1853). Este furor, a ratos paroxístico, fue en realidad saludable, hizo que Flaubert tendiera un puente literario (aunque fuera de injurias) hacia esa sociedad de la que se sentía exiliado. De este modo su vocación produjo una obra que fue lo que ha sido siempre la gran literatura: a la vez una causa y un efecto de insatisfacción humana, un quehacer gracias al cual un hombre en conflicto con el mundo encuentra su manera de vivir, una creación que revisa, pone en tela de juicio, mina profundamente las certidumbres de una época (empezando por la moral y las costumbres, en *Madame Bovary,* y terminando por la cultura y la noción misma de saber, en *Bouvard et Pécuchet,* la novela que escribía cuando murió). La cólera fue, en el caso de Flaubert, constructiva: «Je sens contre la bêtise de mon époque des flots de haine qui m'étouffent. Il me monte de la merde à la bouche comme dans les hernies étranglées. Mais je veux la garder, la figer, la durcir; j'en veux faire une pâte dont je barbouillerai le dix-neuvième siècle, comme on dore de bouse de vache les pagodes indiennes, et qui sait? cela durera peut-être?» (carta a Louis Bouilhet, del 30 de septiembre de 1855). Sí, ha durado, y, curiosamente, el producto de tanto rencor es hoy una fuente insustituible para entender cabalmente a la sociedad que inspiró esa obra y una contribución de primer orden a la formación del espíritu moderno; es decir, ha cobrado con el tiempo un signo positivo y bienhechor. Tal como Flaubert lo predijo, quienes, en nombre de los valores morales y estéticos de la época, condenaron su obra han quedado bastante mal parados («De cette bouche qu'ils voudraient clore, il leur restera un crachat sur le visage», le dijo al doctor Jules Cloquet cuando *Madame Bovary* iba a ser juzgada [carta del 23 de enero de 1856]). Es posible que la ira salvara a Flaubert de un esteticismo hermético, que infundiera a sus libros ese virus negativo que es el secreto de su asequibilidad: para que una novela haga daño es imprescindible que sea leída y entendida. Es tal vez una enseñanza útil que puede sacar hoy un escritor del caso Flaubert. El autor de *Madame Bovary* entendió que la auténtica literatura sería siempre *peligrosa* («D'ailleurs, le style, l'art en soi, paraît toujours insurrectionnel aux gouvernements et immoral aux bourgeois», afirmó en el prefacio a *Dernières chansons* de Louis Bouilhet) y pidió que ella fuera aceptada así, como contrapeso a la normalidad: «L'anormalité est aussi légitime que la règle» (carta a Louise, del 26 de octubre de 1852).

En todas las obras de Flaubert, aun aquellas que pueden ser consideradas una fuga en la historia, la novela sigue siendo convocatoria de un hombre a los otros hombres a encontrarse en lo imaginario verbal para, desde allí, entender como insuficiente la vida que aquellas obras prodigiosamente rescatan e impugnan, salvan al tiempo que condenan. Sin renunciar a su pesimismo y desesperación, convirtiéndolos más bien en materia y estímulo de su arte, y llevando el culto de lo estético a un límite de rigor casi sobrehumano, Flaubert escribió una novela capaz de congeniar la originalidad y la comunicación, la sociabilidad y la calidad. Porque en este formalista intransigente la forma no estuvo nunca divorciada de la vida: ella fue su mejor valedora.

Cuando vio *Madame Bovary* impresa por primera vez, en *La Revue de Paris,* Flaubert, descorazonado, escribió a Louis Bouilhet: «Ce livre indique beaucoup plus de patience que de génie, bien plus de travail que de talent» (carta del 5 de octubre de 1856). Ciento dieciocho años después, combinando de otro modo las palabras del maestro, podemos formular una frase más justa sobre ese libro que amamos: su genio está hecho de paciencia, su talento es obra sólo del trabajo.

Elviria, Málaga, abril de 1974

Este libro se terminó de imprimir
en los Talleres Gráficos de Metrocolor S. A.
Los Gorriones 350, Lima 9, Perú
en el mes de abril de 2007

La guerra del fin del mundo
MARIO VARGAS LLOSA

www.alfaguara.com